现代商法理论体系
与实务应用规范

李 琼／著

中国水利水电出版社
www.waterpub.com.cn
·北京·

内 容 提 要

　　商法是一门内容广泛、技术性与操作性都极强的学科。对商法理论的研究,对于商法学的发展与成熟有着重要的理论意义。本书从实际情况出发,按照"理论—案例"的思路,做到了理论与实践的结合。同时,对现代商法的相关理论体系进行了深层次的挖掘和探讨。

　　本书具有较强的应用性和可操作性,观点明确,对于现代商法研究者、教育者而言不失为一本好的参考书。

图书在版编目(CIP)数据

　　现代商法理论体系与实务应用规范 / 李琼著. —北京:中国水利水电出版社,2017.10 (2024.1重印)

　　ISBN 978-7-5170-5973-8

　　Ⅰ. ①现… Ⅱ. ①李… Ⅲ. ①商法—研究 Ⅳ. ①D913.990.4

　　中国版本图书馆 CIP 数据核字(2017)第 258209 号

书　　名	现代商法理论体系与实务应用规范
	XIANDAI SHANGFA LILUN TIXI YU SHIWU YINGYONG GUIFAN
作　　者	李 琼 著
出版发行	中国水利水电出版社
	(北京市海淀区玉渊潭南路 1 号 D 座 100038)
	网址:www.waterpub.com.cn
	E-mail:sales@waterpub.com.cn
	电话:(010)68367658(营销中心)
经　　售	北京科水图书销售中心(零售)
	电话:(010)88383994、63202643、68545874
	全国各地新华书店和相关出版物销售网点
排　　版	北京亚吉飞数码科技有限公司
印　　刷	三河市天润建兴印务有限公司
规　　格	170mm×240mm　16 开本　15.25 印张　204 千字
版　　次	2018 年 9 月第 1 版　2024 年 1 月第 2 次印刷
印　　数	0001—2000 册
定　　价	72.00 元

前　言

在法学专业的所有课程之中,商法的内容可谓非常庞杂,其若算不上内容最多,也应该是内容最多的学科之一。或许正缘于此,当前出版的商法教材都具有一定的"分量"。在国外,商法是法学专业的一门大课,其开课时间不仅仅是一个学期,而是一个学年到两个学年,这就说明了商法内容的广泛性。

在我国,商法还是一门很"年轻"的学科。社会主义市场经济体制的建立和完善,使得我国的商法研究进入了一个非常活跃的时期。商法理论体系的研究对于商法的制定、完善、修改具有十分重要的意义。但是,由于我国市场经济还不够成熟,商事立法体系还不够健全,对于商法理论的研究还不够深入,因此商法仅仅只能对阶段性的研究成果和经济需求加以反映。随着环境的改变、时事的转移,对商法理论体系的建设也需要进行深入的研究,并与国外的相关立法经验进行比较,从而对我国商法现存的问题进行明确和细化,最终使我国的商法不断完善。

当前,商法学已经发展成为一个热门学科,对商法理论的研究及实务应用规范逐渐成为当前研究的热点。基于此,本书作者在对商法理论进行研究的基础上,撰写了《现代商法理论体系与实务应用规范》一书,以期为具体的商事提供一定的理论指导和借鉴。

本书共包含八章。第一章开篇明义,对现代商法进行概述,涉及商法的概念与特征、我国商法体系及发展历程、商法调整的基本原则、商法与其他法律的关系这四大内容。第二章介绍了现代商法的基本制度,即商事主体制度、商事行为制度、商事登记与商号、商事账簿制度。前两章属于现代商法的基础,为下面内容的展开做铺垫。第三至第八章为本书的重点,分别对公司法、证券法、票据法、保险法、信托法、破产法这些商法的具体层面进行分析,不仅分析了各自的理论,还融入了具体的运用案例,做到了理论与实践的完美结合。例如,第三章主要对公司法的理论与应用进行研究,内容涉及公司法总论、公司基本制度、一人有限责任公司以及公司法的案例应用研究。

本书具有较强的应用性和可操作性。在撰写中,作者从实际情况出发,按照"理论—案例"的思路,做到了理论与实践的结合。同时,对现代商法的相关理论体系进行了深层次的挖掘和探讨,语言表达清晰,观点明确,对于现代商法研究者、教育者而言不失为一本好的参考书。

需要指出的是,作者在撰写本书的过程中参考了大量关于商法的教材和资料,并引用了很多专家、学者的观点,在此谨对他们表示衷心的感谢。书中所引用内容的参考文献已在书后一一列出,如有遗漏,敬请谅解。

尽管在写作过程中,作者字斟句酌,力求完美,但难免存在疏漏之处,在此恳请专家、同行及广大读者批评指正。

作　者

2017 年 9 月

目 录

第一章　现代商法概述

民法自罗马法以来都保持稳定,所以学理上关于民法的概念具有极强的统一性。然而,与民法相反的是,商事生活一直处于动态的发展中,并且各个国家商事立法的标准、学者的立足点各异,所以对商法的界定表现出极强的非统一性。本章作为起始章,主要对商法的有关内容进行概述,包括商法的概念与特征、我国商法体系及发展历程、商法调整的基本原则、商法与其他法律的关系。

第一节　商法的概念与特征

一、何为"商"

"商"是一个古老的词汇,被多学科使用。语词学上的"商"内涵丰富。从词源上考察,"商"在古代汉语中是一种计时单位,一刻就是一商。"商"也可以指推测、估量,后来便与"量"结合起来使用,也就是现在的"商量"。经济学里的"商"的概念也经历了一个变化的过程。在最初,人们将"商"引入经济学是用来相互交换。在人类社会早期,"商"活动表现为物的交换并且仅仅是有形物的交换,通常是简单的生活必需品,目的是满足简单的生存和生活需要。在货币出现以前,所有的交换都是非营利性的。随着交易规模的扩大以及商品贸易的发展,尤其在货币出现之后,"商"演变成一种营利性活动,出现了从事交易活动并从中获取利益的阶层。"商"字的内涵就在原有的基础上有了新的内容,营利性和非营利性活动都为"商",交易行为和从事这一行为的人也是"商",出现了商即商人的概念,如中国古汉语中的"布商""客商"

等。一般而言,人们将"商事"代替营利性的"商","商"和"商事"同等使用的现象就经常发生。随着近现代商事规模的扩大,尤其是在以调整商事交易主体和商事交易行为为内容的商法典和商事专门法规出现之后,"商"逐渐演变成一个法定概念,特指营利性活动。到了现代社会,"商"的概念已经进入社会学、经济学、法学等多个学科。在日常生活中,人们不仅使用协商、商量,还将各种生产品、财物的交易活动看作"商"。社会学意义上的"商"是一种社会分工、社会职业,介于农、工业之间以及农、工业等生产者与消费者之间,是社会经济的一个部门。经济学意义上的"商"是一种生产方式,是产品进入市场的流通行为,是将生产者的产品送达消费者的媒介。法律学意义上的"商"具有特指的内涵,并且涵盖比较广泛,不仅包括营利性的流通领域,更包括生产领域。从法律上理解"商",重点在于"商"是否属于营利性活动,以及"商"的主体是否具有法律上所赋予的能力。"商"的内涵在法律学上也是不断更新的。

二、什么是商法

(一)国际上的不同视角

英美法系国家很早就在学说理论层面使用商法一词。欧陆学者主要从商法立法的标准来界定商法。德国属于主观主义或商人主义法系,将商法视为适用于商人的特别私法。法国属于客观主义或商行为主义法系,将商法定义为关于商行为的特别法。英国商法学家将商法定义为"通过用商业贸易的形式提供货物及服务,从中产生的权利、义务的一系列法律的总和"。日本的立法标准虽然兼顾主观主义与客观主义,但实质上更靠近主观主义,而主观主义标准的基础是以企业为基础的条件主义。日本学者主要从商法渊源的角度对商法进行界定,从形式意义来看,商法是以商法典为中心的有关法律部门的总称。从实质意义上来看,商法是有关商的特别私法,包括商法典、商习惯法、特别单行法、国际条约、民法甚至行政法和诉讼法及刑法中有关的商事法规等。这种概念使得形式意义的商法与实质意义的商法得以产生。就中国商法而言,因缺乏形式意义上的商法,故任何商法定义都是基于学者对商法体系的理解所作的纯学理性界定。尽管各国商法立法体系不同,但学理上仍可以采用商主体与商行为的概念。中国以"经营行为"为核心范畴来构建商法立法体系,因此可将商法定义为"调整因经营行为而形成的商事法律关系的法律规范的总称"。这一定义未限定经营行为的实施主体,也就是说凡法律未禁止从事经营行为的法律主体均可成为商事法律关系的主体。由此可见,与传统商法相比,我国的商主体与商行为的概念也在不断发展。

(二)商法的普遍类型

商法可以分为广义和狭义两个方面。狭义的商法仅仅指商法典及其附属法规。广义的商法不仅包括商法典,而且包括与商事活动密切相关的各种法律,如保险、公司、信托、票据、运输、代理、银行、消费者保护等法律,有些商法学著作甚至将破产法、反不正当竞争法等纳入其内。在理论上,商法分为形式意义和实质意义两方面。形式意义上的商法,是指奉行民商分立立法原则的国家在民法典之外制定的以"商法"命名的法典。形式意义上的商法着眼点为规范的表现形式和法律的编纂结构,它以法律文件的表现形式商法典作为商法概念的界定基础。形式意义上的商法典由于各国法典编纂的原则不同而表现为不同的具体形式,主要分为以商人为中心的主观主义原则、以商行为为中心的客观主义原则和以商人和商行为共存的折中主义原则三大类。日本、德国、阿根廷、法国、比利时、卢森堡、奥地利、希腊、西班牙、葡萄牙、埃及、巴西等均制定有商法典。德国是以商人为中心的主观主义原则的典型代表,法国是以商行为为中心的客观主义原则的典型代表,日本是以商人和商行为共存的折中主义原则的典型代表。我国目前尚不存在形式意义上的商法。实质意义上的商法是指一切调整商事关系的法律规范的总称。其着眼点为商事法律规范的性质、规范的作用、规范的构成、规范实施的方式等在理念上的有机统一。商法规范不仅仅存在于商法典之中,而且还大量地存在于民法、行政法以及其他法律、法规和判例之中。从实质意义上看,无论是属大陆法系还是英美法系,无论是奉行民商分立还是奉行民商合一的国家,都存在实质意义上的商法。事实上,我国实质意义上的商法早已大量存在。

三、商法中的核心元素

依据商法的定义,商法中的核心元素包括商人、商行为、营业以及它们之间的关系。正确理解这三个元素,有利于把握整个商法体系和认识商法诸问题。

(一)作为商法特有主体的商人

商人是商法特有的主体概念,是指参加商事法律关系,并以商为业者。法律规定商人的地位,并不是为了使商人拥有特别权利,而是使他们应承担由于其以商为业应承担的义务。商人的内涵包括以下三个方面。

(1)商人应是参加商事法律关系并以商为业者。有的人虽从事商行为,但仅是偶尔为之,他们虽参加商事法律关系,也是权利义务的归属者,但不是商人。所谓"以商为业",是区别于偶尔从事商行为并非以商为职业者。只有以商为业并参加法律关系的主体才是商人,但是并非仅有商人才能从事商行为。同其他法律规定的主体一样,商人的合法权利当然因法律确认它的主体地位而受到保护。商人取得营业资格后所产生的特别义务有以下几点。第一,商人应就《税法》规定的某些税种,缴纳非商人所不需要缴纳的税。第二,根据我国法律的规定,商人均须依法履行信息披露的义务。其中,每个商人都必须最低限度地公开商业登记信息,上市公司则应依法披露更多的信息。第三,商人应接受《反不正当竞争法》和《反垄断法》的规制,应依照《消费者权益保护法》履行对消费者的义务。第四,尽管不同商人的商业账簿繁简不同,但每个商人必须置备商业账簿。第五,商人从事商事交易,默示可以产生商业义务。

(2)商人须具有商事能力,即商人从事营业的权利能力和行为能力。这种能力是在民事能力的基础上,由商法赋予的特别能力。前者应依据民法关于主体的规则。在我国,当前应依据《民法通则》第二章、第三章关于自然人、法人的有关规定。后者应依据商法的特别规定,如依我国《证券法》第 123 条规定:"本法所称证券公司是指依照《中华人民共和国公司法》和本法规定设立的经营证券业务的有限责任公司或者股份有限公司。"其实,这种能力就是营业能力。

(3)商人须依照商事法律和商事行政法规规定的事项和程序进行登记,并取得营业资格。商事登记的主管机关是县以上各级人民政府的工商行政管理部门。经核准登记,并颁发营业执照,其登记申请人即取得营业资格。取得营业资格的"人",包括自然人、法人及其他的组织形式。

商人具有基础性地位。在我国的商法体系中,商人概念不是商行为概念存在的前提,商人概念是适应抽象从事营业的各种主体的法律现象的需要而产生的。商人概念是商人制度的逻辑起点,形成商人制度的逻辑,从而支持整个商法的制度构造。商人制度又丰富了商人概念。商人对于商行为概念和商行为制度的形成不具有主导意义。商人对商法的主体现象具有抽象作用并支撑着商人法。商人和商人以外的人的区别依赖于制度创设过程,并集中体现于商业登记制度之中。

(二)商行为

商行为,又称"商事行为",它是商法中特有的概念。在大陆法系国家的商法中,它和商人概念一样支撑商法的构造。商行为制度与商人制度是构成商法的两大基本制度。商法的绝大多数规则或为规范商人而设,或为规范商行为而设,而其他规则仅具有辅助性之意义。各国学者大多依赖于对本国商法相关规定的解释。我国学者都确认它的营利性,但在内容和特征上存在以下几种不同的表述。

(1)商行为是指商事主体所实施的能够引起商事法律关系产

生、变更、消灭的并以营利为目的的各种营业性行为的总称。①

（2）商行为包括主观商行为和客观商行为，前者是商事主体所从事的任何经营活动，后者是任何主体从事的以营利性营业为目的的经营行为。②

（3）商行为是商事法律行为的简称，它是商事法主体为了确立、变更或终止商事法律关系而实施的行为。③

（4）商行为，就其一般法律特征而言，是主体基于特定商行为能力而从事的，以营利为目的的营业性行为。④

（5）商行为是"商人资本经营的行为"，"它是商人为了确立、变更或者中止商事法律关系而实施的行为"。⑤

从上述定义的共识中可以总结出：商行为是营利性行为和营业上实施的行为。

（1）商行为是营业上实施的行为，包括为了营业（如营业准备）实施的行为和作为营业实施的行为。前者指营业准备行为等；后者是指行为人采用经营组织，运用营业财产，进行经营活动。营业应具备独立性、有偿性、对外显示性。商人以特定的经营为业，其有以下几种特点。第一，行为人经营活动的计划性，指行为人不仅有经营的目标，还要对实现经营目标的措施和所采取的手段做出具体安排。第二，行为人经营活动的反复性，即同种经营行为的反复。一次或为数不多的几次经营性活动，不构成商事行为。第三，行为人经营活动的不间断性。不间断性和反复性相互联系但不能相互替代，反复性只是要求行为的多次重复，并不以连续为其要件，不间断性则要求行为的连续。所以，经营活动的反复性和不间断性，都是营业的构成要件。

（2）商行为是营利性的行为。营利性包括三种内涵：第一，追求资本不断增值和经济收益的最大化；第二，追求私益，即私法保护的私利，非同公益和慈善事业；第三，行为的有偿性，这和私法

---

① 李玉璧.商法原理[M].兰州：兰州大学出版社，2000：68.
② 苏惠祥.中国商法概论[M].长春：吉林人民出版社，1996：73.
③ 方嘉民.商事法概论[M].天津：天津社会科学院出版社，1999：35.
④ 董安生.中国商法总论[M].长春：吉林人民出版社，1994：125.
⑤ 徐学鹿.商法学[M].北京：中国财政经济出版社，1998：223.

上虽为私益但属无偿的行为不同。这里需要区别两个概念,"营利"与"盈利"有联系,但不能替代使用。前者既表示有"盈利"产生,也表示分配于投资者。后者只是表示资本增值,产生利润,但没有表示分配给投资者。另外需要注意的是,商人获利和将其利益分配给投资者有着不同的内涵。投资者是广泛的,包括股权投资者和债权投资者,后者取得利息也含于"营利"的内涵之中。如果仅获得利益,并不分配给投资者,则不属于营利,因而也非商行为。营利性的典型应属公司的运营,公司资本增值,获得利益,再依法分配给股东。商人既可以在营业上实施商行为,也可以实施不采用营业形式的商行为;商人以外的人则仅能在营业形式之外实施商行为。虽然我国至今尚无对商行为做出概括性规定的法律,我国市场经济和商事活动的实践,要求采用多种表述方式概括商行为、揭示商行为特征。

在客观主义立法体系和折衷主义立法体系中,商行为是推导商人概念的。在我国,商行为概念对于商人概念和商人制度的形成均不具有主导地位。商行为概念的基础性表现在以下两个方面:第一,对于营利性行为或在营业上发生行为的抽象,揭示了这种法律现象的本质特征;第二,抛开不同类型的上述行为的不同点,成为规范这些行为的统一概念,并因此支撑商行为法,进而支持商法的整体构造。

(三)营业

营业的意义包括客观和主观两个方面,前者指人为实现一定的营利目的而运用的有组织的财产,后者指商人的营利活动。客观意义的营业和主观意义的营业是营业的两个不同侧面,相互联系、相互作用。客观意义的营业的结果是主观意义的营业的沉淀,主观意义的营业需要建立在客观意义的营业的基础之上。

(1)客观意义的营业。对于这种营业,不同的人强调的重点不同。有人强调营业的一体性,认为营业是一定的营业目的有机结合的组织一体的财产,可以是商人的全部营业财产,也可以是部分营业财产,但它必须是有组织的、有机能的。有人突出客观意义营业的机能性,认为营业是为了一定的营利目的组织化的以人和物的资源构成的有机的具有机能的财产。客观意义的营业,是多数的物和权利的集合,沉淀着营业活动的社会活力,它具有的价值整体大于单个价值之和。客观意义的营业是从动态的意义上把握企业的财产。它虽然不是独立的权利主体,但它却是以营业自身将法律主体从外观上表示出来。构成营业的各个财产,就是作为商人享有权利、承担义务的基础。关于客观意义的营业,需要了解以下两点内容。第一是营业财产在法律上的意义。从法律上确定作为营业使用的特别财产极具价值。营业的特别财产性在公司的场合是完全的。在个人独资企业和合伙企业中,商人的营业生活和个人的其他经济生活非常难以分辨,只能凭借商业账簿的记载判断营业财产与个人生活财产。个人独资企业和合伙企业的营业财产具有相对性。作为营业的特别财产具有以下法律意义。首先,保护营业不被侵犯是保护商人的应有之义。要保护商人,就必须保护营业。商人拥有由营业产生的权利、义务,但营业可以成为侵权行为的对象,对营业的侵害范围包括财产所有权、专利权、商标权等,以及被称为具体权利的事实关系。也就是说,侵害营业特别财产的任何一部分,都是侵害商人。其次,营业的特别财产是强制执行和破产的对象。营业特别财产的范围,也是责任财产的范围。企业法人的营业特别财产在法律上具有独立性,它是交易中承担责任的财产以及企业经营的物质基础。它是企业不能清偿到期债务时的破产对象,是民事强制执行的对象。但是,非法人企业的营业特别财产不是责任财产的范围,责任财产应超出营业财产只是民事强制执行和破产的对象。最后,营业的特别财产可以作为转让、租赁、借贷、担保的标的。在商事活动中,营业财产可以用作抵押权和质权的标的,可以作为物权的处分行为的对象。第二是客观意义的营业由积极财产和消极财产构成。其中,积极财产包括物、权利和商业秘密、客户关系等;消极财产包括营业上各种债务形成的财产。在商人是个人的情况下,分辨构成营业的财产和私人财产就成为一个问题。理论和实践对这一问题有着不同的答案:理论上的答案为是否属于以营利为目的的总体财产的组织体,实践上的答案为商业账簿的记载。

(2)主观意义的营业。法律对商人的营业既给予一定的自由,又给予一定的限制。首先,营业自由方面是指商人自由地从事营业活动,非经法律、行政法规规定不得限制。营业自由是一切采取市场经济体制的国家实行的原则,并且由宪法和法律所确认。其次,营业自由的限制因具体情形的不同分为两种形式。第一,对营业形式的限制。对营业形式的限制,包括对不当竞争营业形式的制止和对限制竞争营业形式的禁止。必须反对和禁止妨害公众营业自由的营业形式,才能建立和维护自由、公平的市场竞争秩序,才能保护商人的营业自由。该种限制是为了使已形成的营业不采用破坏市场秩序的营业形式。第二,对营业形成的限制。营业自由受法律保护,但营业的形成并非是任意的,它须接受法律、行政法规的限制。营业的形成因特定主体利益的调整而限制,董事、高级管理人员、合伙人等在所涉及的领域内,在一定的期限内不得从事同类营业。因其身份理由的营业限制,从有利于国家机关廉洁和严肃执法的理由考虑,不允许国家公务员、法官、检察官从事任何营业。出于公益理由的营业禁止,为了维护公共秩序,法律禁止某些行为的营业,如禁止为了营利目的而为赌博提供条件。营业的行政许可。着眼于所营事业的特殊性和公众利益的保护,国家对一些行业的营业实行行政许可制度。营业的形成因其保护公众利益而被禁止。贩卖、运输、制造毒品,经营"宣扬淫秽、赌博、暴力或者教唆犯罪的"音像制品、印刷品,均为法律、行政法规所禁止。出于对财政收入的考虑和对特殊行业进行特殊规制等理由,国家对个别行业实行垄断经营。国家对烟草专卖品依法实行专卖管理,并实行烟草专卖许可制度。

营业在揭示商人、商行为概念方面非常有影响,营业概念更是连接商人与商行为的概念纽带。商法具有制度逻辑,因此这些概念和制度之间需要保持着相互作用的关系。营业的适应性就达到了这一条件。商人离不开营业,商行为也需要营业。

营业概念在揭示商人和商行为的内涵方面起着关键作用。

（1）营业概念作用于商行为概念。首先，营业上实施的行为是一种重要的商行为。营业揭示了商行为内涵，确定了商行为的范围、种类。营业性是成为职业的营业性商行为的重要标志。典型的营利性成为绝对商行为的根本标志。其次，营业概念揭示了商行为概念。既然营利性是商行为的标志，则营利性是人们研究商行为的根本渠道。然而，商行为的多样性使得人们难以总结其客观性。于是，人们将营业也引入商行为。作为行为的客观性的营利性如果是商行为的必要条件，那么营业性就是商行为的充分条件。

（2）营业在商人概念形成过程中处于关键地位。营业专属于商人，能否取得营业资格是能否成为商人的关键，只有商人才能从事营业。商事主体，是指参加商事法律关系并为权利、义务归属者。商事主体的范围大于商人的范围。商人是商事主体的一个重要元素。这样看来，商人与其他商事主体有共同性。然而，商人的特殊性也是存在的，那就是营业资格的拥有。其他商事主体则并不具备这一性质。法律不要求所有商事主体从事商行为或者以商为业，仅要求商事主体以自己名义参加商事法律关系。所以，"营业"被引入商人概念。商事主体包含两个方面。一是是否从事营业的商行为。有些商事主体依法参加商事法律关系，享有权利，承担义务，并与商人一样从事商行为。但是，他们不采用营业的形式。二是是否从事商行为。有些商事主体不从事商行为，他们以自己的名义在商事法律关系中享有权利，承担义务，参加商事法律关系并非都是因为从事商行为。可见，是否从事商行为并不是成为商事主体的先决条件。商人和从事商行为的非商人是基于营利目的参加商事法律关系，但非从事商行为者参加商事法律关系完全没有营利的目的。

四、商法的特征

（一）发展性

商法是整个私法的引领者，是许多私法制度形成的源泉，如经理制度、外观权利制度等。在商事领域中,商法最先对法律调整的需求做出反应,这就是它为什么领先于其他法律的原因。商法的发展极具适应性。千变万化的市场经济要求实践不断做出改变,商法与实践关系密切,所以商法也要不断发展。如果不这样,它就无法承担调整商事关系的重任。商法的发展性体现在理念更新和制度创新上。商法各个领域在频繁地变化着,这以各国公司法的发展为典型代表。

(二)标志性

商法的标志性体现在以下几点。

(1)商人是商事关系确定化与实证化的标准。商法研究的热点从来都不排除商事关系在商法实践中的影响。客观主义体系商法以商行为作为确认标准,主观主义体系商法以商人为基础。无法通过营利界定商行为,也无法通过商行为界定商事关系,因为商行为是中性的。是否有商人介入,是区分民事租赁、保管、承揽与商事租赁、保管、承揽的关键。商人是商法的基础,商人又是社会中的特殊身份,因此商法就具有身份法性。随着 19 世纪平等价值观的普及和推广,所有人具有与生俱来的民事人的身份。在社会中从商需要具备一定的资格和身份,所以商人成为一种身份标志。商人阶层的出现是社会分工的结果。一个人要想提高工作效率,就无法事无巨细地亲自参与其中。另外,人要经商需要具备条件和资质。因此,商法必须立足于具有特定身份的商人。值得强调的一点是,商人身份不是等级身份,而是抽象的身份,只具有职业性,和警察、官员、医生等职业人共同服务于现代社会。所以,商人的身份和平等价值观并非不统一。

(2)商人和商人条件能够化解风险。各国均在商法中确立了商人人格法定原则来保护交易安全。商人可以净化市场交易秩序与保护交易安全。商法价值追求交易自由的时代已经过去,20世纪以后商法价值的追求转变为保护交易安全。通过行政干预及随时介入保护交易安全,不仅限制了商人经营的自由,还是一种事倍功半的途径,高成本、低效率。商法内部的规则已经被接受为一种消解交易风险的理性手段。然而,在具体实施过程中,实施效果会因为强调的重点不同而不同。"皮包公司"的涌现,就是强调商行为的产物,于是交易秩序变得不稳定,交易的安全与利益也是无法受到保护的。另外,各国的商事立法会辅以公法规范,对商事活动负外部性规制。在当事人的行为过程中,第三人受到的侵害,就是负外部性。公法规范就是为了调整负外部性。国家任务的扩大使得公法的内涵和功能都扩大。公法成为商法的例子很多。在商事交易规模很大的情况下,商法制度难以应对,本应由商法主体自行承担的成本,必须借助于公法规范。

(三)普遍性

商法的普遍性是相对的。商主体法比较难以保持统一性,因为其中包含的公司法一直受到各国经济状况的制约。各国公司法中规定的公司形态不同,对于每种公司的具体规定也不同。商行为法就比较容易保持规则的统一性。但是,各国政府与民间组织的合作结局也不一定使得商行为法保持绝对统一。在国际交流日益成为迫切需要时,商法的普遍性还要进一步推动。然而,有的学者也认为应该保持法律的民族性。就整个世界而言,法律总是不断趋同,但总是保持着自己的民族特色,因为每个国家的渊源、基本国情不同。

(1)商法的普遍性来源于国际商人之间的合作与交流,来源于商事领域对政府的拒绝。很久以前,罗马帝国出于扩大贸易的考虑,就鼓励各国商人频繁地持续地进行沟通和交易。商法的普遍性最早就体现在因此而生的万民法上。在中世纪,国家干预明显减少,商人法更加突出了自身的普遍性。在近代,各国通过借鉴已有的商人法来立法,只是成文法运动将商法的普遍性生生地扼杀了。在15世纪60年代的法国,国家法庭接纳了原商人法庭的成员,商事法令也对以前的商人法有一些内容上的继承。各国通过互相吸收和借鉴,使得各自的商法与国际商法更加一致。

(2)商人营利超出国界以后,就产生了商法的普遍性。所以说,营利性扩张是商法的普遍性形成的重要基础。自古到今,有市场的地方就有商人。西方的个人主义文化强调交易无国界，将世界公民和世界市场同等看待。在营利活动方面，商人都是具有普遍性和统一性的，少有民族性，不受各国文化的影响。形成于古罗马时代的万民法，在世界各地通用，适用于所有人。在每一个国家，商法的核心原则是统一的。虽然说营利性扩张是商法的普遍性形成的来源，但是商法的普遍性还是以人为本。交易者在交易过程中应该把持一定的底线。存在即合理，商法的普遍性规则必定有其存在的基础，这个基础就是人的本性。由于人类的本性具有共同的地方，所以不同的民族在相同的情况下会有相同的结局。虽然，在历史上的殖民事实和大国的压力也在一定程度上维持了普遍性，但法学理论的脉络证明了人性是普遍性的来源和基础。

(四)趋利性

商法的趋利性也就是营利性。营利性是客观主义标准的体现，是商行为的基本特征，它以商行为的目标为出发点。也就是说，不能以行为的结果是否盈利判断商行为成立与否，而是以推定的原则来判断。当行为主体为商人时，其行为属于商行为。将营利性作为商行为的属性是可取的，并且需要事实或者法律的推定。主观主义标准关注的是商主体条件的成就而非是否营利。营利性主要有以下几种内涵。

(1)商主体以营利活动为职业，以营利为目的。经济学中的"理性人"不是法律意义上的商人，前者只是寻求自我利益的最大化而不关心他人的利益，会导致自我利益与社会整体利益的矛盾。法律意义上的商人是"合理的人"，即生财有道的人，在管理和关心自己的事业和利益的同时也关注交易对方的利益。在各国《公司法》的规定中，公司都作为营利性的社团法人而存在，商事法律对商人要求的是基于诚信要求所产生的附随义务。从人性的角度来讲，人类都趋利，所以社会才会进步和发展。营利的合理被承认和认同，不是从一开始就存在的，而是经历了一番曲折的路途。任何时候任何地方，人们都会侮辱那些以营利为目标的商业。所以,商业需要保护,商法就又有了存在的根基。在希腊时代,财富分为劳动所得的自然财富与商业所得的人造财富。自然财富是以繁衍家族为目的,是真正的财富。人造财富是以获取财富为目的,是作为手段的伪财富。这是一种舍本逐末的行为,会导致人类的罪恶。在中世纪,经院学家对商业进行了批判,然而世俗君主以及教会因为需要金钱的支持而必须求助于商人,使得商人继续存活。中世纪后期,"利润中性说"的观念慢慢被人们接受,商人的营利活动以及利益逐渐被教会认同和保护。进入自由资本主义时代以后,营利精神得到西方社会的大力弘扬,社会主流价值观将自爱作为人类的普遍本性,人类在适当的规范下可以通过自身利益的追求来促进公共利益的追求以及社会经济的繁荣。新制度经济学指出,营利性活动会有交易成本的付出,商法制度的出现是为了防止交易成本所产生的社会资源的浪费,从而达到交易人的交易预期。理性的商事法律制度又可以有效地减少投机性营利活动的出现。

(2)商法保护商主体的营利,甚至保护在伦理上被视为"非法"的收益。中世纪对高利贷的承认是商法保护营利所得的一个重要历史节点。从13世纪到15世纪,欧洲的商业活动打破了不准谋取利息的禁令。因为在商业活动中卷入巨大的贷款额,所以人们最终公开要求获取利息。人们开始意识到金钱的增殖力。现在各国商法典中规定的商事借贷均为有偿的,而且享受较高的利息。这种营利性已经大量地存在于商事行为法中。例如,买卖股票及彩票所获得的暴利仍然得到保护,而保险合同则是商法的固有内容。随着社会连带关系的紧密性和交易机会的易逝性,商法从保护交易人的既得利益逐渐转变为保护既得与预期利益,出现了缔约过失等制度保障。利益的最大化是通过当事人的意思自治来达到的,商法就要保证交易当事人的意思自治,这是实现利益的前提。自由是市场交易的最好选择。所以,我国《合同法》将欺诈、胁迫等合同从原先的无效合同改为可撤销合同。另外,为了提高效率、降低交易成本,商法也规定了许多促进交易的规则,这些规则对交易人是强制性的,从而实现交易当事人利益的最大化。

第二节　我国商法体系及发展历程

一、旧中国的商法体系

商事法律制度在我国古代和封建社会中,都不是独立而集中的。由于我国封建社会长期处于自给自足的农业经济,所以"刑民不分、诸法合体"的法制形态就有了立身之地。即使是我国封建法制中某些散见于律令中的有关奴婢买卖、牲畜交易、钱庄钱票的规定,实际上也带有浓厚的行政法和刑法色彩。清末海禁大开,中外互市,商事交易变得频繁,商业得到了前所未有的发展。清朝末年,我国商事立法开始形成。1908 年,清政府颁布《大清商律》,借鉴德国商法的内容,模仿日本商法的体例,有商人通例 9 条及公司律 31 条,规定殊为简略。宣统二年,农工商部又拟订《大清商律草案》,但是随着清政府的结束而废弃了。此草案内容较为完备。民国政府成立后,因"凡清代法律不与国体抵触者仍为有效",原商律复资援用。1914 年,民国政府对清末未及决议的商律草案进行修改后呈请大总统,决定以《中华民国商律》颁布施行。同年 1 月公布了《公司条例》,3 月公布了《商人通例》,均于 9 月 1 日施行。以后,国民政府又采取民商合一制,将一般商法总则中的经理人、代办商和商事行为中的买卖、交互计算、行纪、仓库、运送、承揽运送等,编订于民法典债篇之中。商法中的其他部分,以单行法规颁行,如 1919 年颁布的《票据法》《海商法》《保险法》,1937 年颁行的《商业登记法》等。由此形成了旧中国民商法典合一与单行商法补充的体例。

二、新中国的商法体系

新中国成立后,在社会经济体制的影响下,商法一直处于非系统化的发展中,统一的商事基本法始终没有形成。仔细分析我国法律的具体内容,可以发现大量的旨在规制营利性主体从事营利营业活动的基本规则存在于现行法中。第一，我国大量的工商法规和行政法规概括了传统商法中关于商业税收、商业账簿和商业结算的规则和制度，如《企业财务通则》《发票管理暂行办法》《会计法》等。第二，我国目前数量众多的企业法规和工商登记法规概括了大陆法系商法中关于商事主体、商业名称、商业登记制度的基本内容，如《全民所有制工业企业法》《中外合资经营企业法》《企业法人登记管理条例》《工商企业名称登记管理条例》《公司登记管理规定》等。第三，我国现行法中大量的经济法规和商业法规概括了传统商法中关于商事行为的特别法规则，如《工业产品购销合同实施细则》《铁路货物运输合同实施细则》等。在我国确立市场经济体制后，商事立法的发展变得更为迅速。我国相继颁布了一系列商事单行法，1992年颁行《海商法》，1994年颁行《公司法》，1995年又相继颁布《票据法》与《保险法》，1997年颁布《合伙企业法》，1998年颁行《证券法》（2006年已修改），1999年颁行《合同法》。此外，我国《企业破产法》也已颁布实施。商法体系在我国正逐步形成。

三、现代中国的商法体系

（一）内容元素

我国商法不仅抛弃了不符合中国国情的内容，而且吸收了国外商法中有价值的内容。例如，我国商法中关于商事仲裁的内容，明显不属于商事行为，应服从我国商事仲裁法之规定，不应列于商法。依据总体商事行为与具体商事行为相互结合的原则，我国商法包括两方面内容：总则和分则。总则应由商事主体、商事行为、商事登记、商业账簿等内容构成，其名可以冠以《商法通则》而称之。分则应包括《商事交易法》《公司法》《票据法》《海商法》《保险法》《破产法》《商事信托法》《证券法》等内容。

（二）立法模式

不同的国家具有不同的商事立法模式。大陆法系国家拥有

"民商分立"与"民商合一"两种观点,对商法典是否独立存在有着不同的看法,商事规范表现为成文法。英美法系国家的商事规范表现为一般的商事习惯和判例等不成文形式。"民商合一"包括传统和现代两种具体立法模式。传统模式是民法典中包括商事法规;现代模式是在民法典外另订商事单行法以作为民法的特别法。前者固守实质和形式的双重合一,要求将商法内容全部纳入民法典,在一定程度上导致了理论的僵化与封闭。后者具有开放性,坚持民商法的实质合一以及商法的变动性,将民法典与作为民事特别法的商事单行法有机结合。民法典体现社会经济生活的基本方向,因而具有稳定性。商事单行法反映经济生活的变化,因而具有动态性。我国已经颁布了《海商法》《民法通则》《票据法》《企业破产法》《保险法》《公司法》等。从我国已经颁布的商法来看,部分学者认为我国坚持"民商合一"的观点,但也无法确定。社会主义市场经济体制要求市场主体的平等性,这也就是要求"民商合一"。从大局考虑,得体的做法是坚持"民商合一"。人为地把商人作为一类特殊主体对其行为进行规范,以至于制定一部与民法典相并行的商法典是不切合实际的。我国近年来的立法实践也体现了民商统一的发展趋势,一些商事法通过立法者的行为已经或者正在完成它的民法化。随着统一合同法的颁布,"商事合同"与"民事合同"融为一体,同属民法调整。一部将合同法排除在外的商法典的现实意义不大。从实质意义来看,除少数涉及个人消费和赠与等单纯民事行为外,绝大多数合同行为均具有"商事"的性质。

(三)立法哲学

商事立法哲学在大陆法系国家表现为两种:商人主义和商事行为主义。在过去,商人有其自身的利益,这一阶层比较特殊,所以通常以商人为核心来构筑商法体系。但现代法律又不能使其成为特殊主体。在平等原则的基础上,现代民法反对商人阶层的特殊化,所以也不以商人为核心构筑其体系。从社会现实来讲,以商人主义为核心构筑商法也不符合社会需求。因为在商品经济发展的大潮之下,商事行为所涉及的面积越来越大,无业不为商的状态已成事实,商人的界限已被打破。因此,我国商法应以商事行为为核心构筑体系,因为商事行为主义不但适应经济发展的需要,而且符合现代经济民主的观念。在总体商事行为和具体商事行为相结合、相互补充的情况下,我国的商法体系不断发展。对商事行为进行抽象以后再加以归纳就成为总体商事行为,因为商事主体所从事的商事行为在很大程度上是普遍存在的。商法应准确表述和规范这一点。另外,分散在公司、票据、海商、保险等活动中的商事行为,形成了具体商事行为,商法则应具体规范。

第三节　商法调整的基本原则

我国应该创设和提出不同于民法的特有的商法的基本原则,并将之升华为商法的基本原则,以指导商法规范和制度。商法的价值具有二重性,在交易迅捷与交易安全之间维持平衡。为了激发交易者的参与动机,就要凭借交易迅捷,使交易者拥有充分的自由,进而推动市场交易的运行。只有这样,交易双方才能在获取个人利益的同时增加社会利益。另外一方面,现代的交易表现为网络式的交叉关系,其中包含着无数的交易者,任何交易都是交易长链中的一环,一个环节的问题会带动整个链条的松动。在这种交易网络中,所有交易者的利益密切地联系在一起,因此交易安全的价值被提到重要位置。商法特有的原则包括强制性、固定性、简化性和客观性,旨在维持交易迅捷与交易安全。

一、强制性

强制性,是指从商主体的成立以及变化角度出发,为了维护交易安全和公平,由立法统一设定商事人格的取得、变化与消灭等情事的条件,并责成商事主体严格遵守。该种方法是为商主体的产生、变更寻找外在的合理性,其根基还是商主体内部成员的意思自治。例如,公司的成立、合并、分立以及解散等变化都要经过股东会的决议,才可以生效。对于商主体的变化与其商事营业的实施,必须依法进行公示才能发生法律上的效力。以一定的方式公示商主体内部的变化,使交易对方获取有用的信息并做出理性的判断。另外,着眼于商主体的行为及其后果,立法规定由商事主体严格承担基于商事交易所发生的损害后果。责任的承担是伴随着风险的,但商事责任在现实中呈现出特殊性,体现为商法中普遍存在的连带责任、无过错责任方式的法定与推定存在、多元责任、额外责任和绝对责任。

二、固定性

固定性是指交易形态与交易客体的定型化,有利于保障交易迅捷。交易形态定型化,是指商法通过强行法规则预先规定若干类型的典型交易方式。无论是个人或组织何时购买,均可获得同样的法律效果。交易客体的定型化则是指交易对象的商品化与证券化。例如,各国商标法通过强行法或任意法令制造商对其产品负有使用特定标识的义务,使消费者易于识别不同类型的商品。当交易客体为无形财产或权利财产时,商法则通过权利证券化规则,极大简化了权利转让程序,形成证券的流通。

三、简化性

简化性是商法规则的一项重要特征。很多国家的商事法规定中的商事法律行为均采取要式行为和文义行为方式,因此可以通过强行法或推定法预先确定商事法律行为中的大部分内容,交易当事人完成约定少部分特殊内容,商事法律行为文件的证券化和标准化就此形成。这显然促进了交易的迅捷。商事契约就具有简化性,因为商法中的推定条款和交易习惯已经预先确定了一些非证券化的商事契约的内容。例如,各国商法中强行法推定条款和任意法推定条款可以用于商事居间、商事买卖、商业承揽、交互计算、商业借贷、商业租赁等契约内容,并且认许商事习惯的推定效力。现代商法具有的短期时效性,不同于民法,以债权人的时效利益换取社会效益,促进了交易纠纷的尽快解决。例如,海商法上对于船舶债权人的先取特权多适用 1 年以内的短期消灭时效;各国商法对于票据请求权多适用 6 个月、4 个月,甚至 60 日的短期消灭时效。

四、客观性

着眼于行为的客观性,是指在民商事交易中确定行为的法律效果时,立法以行为人的外观表现为依据。这一原则包括两个方面的内容:行为人有表示者,应就其表示负担责任;当行为人的意思与表示不一致时,以表示为准。英美法国家、日本、德国及中国都承认客观性的存在,只是在表述上有不一致的地方。客观性的典型代表是票据文义性。票据行为的内容,一律以票据上所记载的文义为准。纵使该项记载与当事人真意不符,也不许当事人以票据外的证明方法变更。

第四节　商法与其他法律的关系

为了清晰地展现商法的本质特征和个性品格,就需要分析商法与其他法律的关系。如何界定和商法有关系的法律,这个问题理论性比较强。但是有一点必须肯定的是,和商法有关系的法律必须与商法有着接近的法哲学价值,或者与商法同根同源。因此,笔者认为,和商法联系最紧密的两种法律分别为民法和劳动法。

一、商法与民法的联系与区别

商法和民法同属私法,但是具有各自不同的侧重点。商法和民法都将调整私人关系作为自己的根本任务,抵御公权力过度干预。与民法不同的是,商法是一种法律规范,它由商人主导,形成了保障商法学科和法律体系独特性的独特的概念群,如商人、商行为、营业、营业资产、商业登记等。我国民法起作用的范围相当广泛,它位居绝对的支配地位,是全部私法的基础。民法被看作适用于各种私法关系的普遍公理。事实上，当在具体的各类私法关系中运用抽象的民法规范时，二者表现出不合作和不匹配的现象。因此，民法的帝君地位是不适应现实情况的，特别私法相继逃离民法典，制定属于自己的规范。民法典已经逐渐"去法典化"，已经步入"民法典的黄昏"。特别私法的发展反映着现代私法的重要进展。在我国的学理和裁判中，传统民法的理论和规范被直接用作商法的解释和效力评判的依据，这似乎是想都不用想就会做出的一个行为。商事行为、商事关系和民事行为、民事关系的规范存在一些不同的地方。在思考商事关系的法律适用时，如果民法的解释结果和商法的立法意旨是一致的，可直接适用民法的规定，否则应考虑商法的特殊性，按照商法规范修正民法规定的要件，使其达到统一。

（一）推理方式不同

商法是在尊重个性的基础上，按照法律规定、交易习惯和民法做出判决。商法规则的解释，倾向于归纳法。民法从一般概念着手，适用于特定的案件。商法和民法也可以说是功能主义和理想主义的区别，因为尊重个性就体现的是功能主义，尊重一般就反映的是理性主义。一般调整，具有普适性，可以从伦理和历史中找到正当性的基础；特别调整，要确定规则的适用范围，主要是从功能主义上确立其正当性。

（二）覆盖面不同

商法属特别性私法，民法是一般性私法。前者是特殊的，后者是一般的。后者的覆盖面明显大于前者。商法只针对特殊的民事事项加以规定。民法系适用于各种私人关系，乃至婚姻家庭关系等，其调整对象是法律关系。因此，在既有的民事关系中，有些民事权利义务关系就会优先受到商法的调整，立法者在合理反映商业活动诉求的基础上要对此加以确定。商法调整的社会关系，以财产关系为主，涉及人身关系却不包括身份关系。民法调整的社会关系，以人身关系为基础。

(三)制度结构不同

在分析商法和民法的制度结构以后,发现商法是商人组织法兼行为法,民法是行为法,这是它们之间的分别。传统法学理论认为,商法的整体性结构包含两部分:商事主体制度和商事行为制度。商行为是由商人基于其营业而实施的行为,所以商事行为制度自成体系以及应当独立,商事主体制度必须规范商人的建构或组织,这就说明商法是名副其实的商人组织法兼商行为法。民法上的事实自始至终都充当民事权利义务关系发生、变更的依据。这种事实分为事件事实与行为事实,前者不以人的意志为转移,后者就限制在人的意识行为的框架之内,这就导致民法成为行为法。

二、商法与劳动法的联系与区别

劳动工资关系在劳动法独立之前,被视为普通的私人生活关系,一直适用于自由合意的运作规则。劳动法与商法之间是有联系的。例如,作为企业的经理人,客观上既因企业主"委聘"而产生,同时也是该企业通常性经营的签名人。因此,商法需要规定经理人在商人登记文件中的签字、经理权的范围、经理权行为的效率评判等。然而,劳动法却规范经理人的薪金与待遇。因此,经理人具有独特的职权属性和工作特点,不宜直接适用劳动法理想的途径是制定适合经理人特点的规则,在没有特殊规则时,适用交易习惯,缺乏交易习惯时,适用劳动法的规定。同时,职务上的商业使用人和劳动法上的雇员最明显的区别是,劳动时间、方式和薪酬可能与劳动法不一致。所以,在处理涉及使用人的劳动争议案件时,不仅要考虑劳动法的适用,还要考虑商法的特质。商法与劳动法相互联系又相互区别,二者的区别大致体现在以下几个方面。

(一)调整方法差异

商法的调整方法依据的是商事关系的特有规律,并以民法的调整方法为基础,然后在不断发展之后定格。劳动法的调整方法依据的是劳动工资关系的特别要求,以劳动法为基础。这就表明,单方商事法律关系的运作机制就是劳动法的调整方法。单方商事法律关系的运作机制包括以下三个方面。首先,基本人权之保障包含劳动工时、最低工资额、劳动安全及特有的福利待遇等,这些人权保障的落实规定和推行,就离不开强制性的规范。其次,劳动是劳动者赖以生存的手段,唯有从"过错主义"的角度,才能在这种关系中设定劳动者的法律负担。最后,雇主具有营利的动机以及较强的经济实力,才可以雇用他人,因此有必要为雇主设定"严格主义"的法律负担。

(二)法域归属差异

商法属于私法的范畴,劳动法属于社会法的范畴。在很早以前,古罗马法学家乌尔比安就提出了"公法造福于社会"的观点,这是公法立法的一种动机而不是直接目的。另外,后来产生的"社会本位"思想,也促使了社会法成为一个独立的法域。社会法直接增进社会福利,这是社会法与公法的本质不同。

(三)调整对象差异

商法的调整对象是商事关系,商事关系含有功利性质;劳动法的调整对象是劳动工资关系,劳资关系具有伦理性和人道性。商事关系与劳动工资关系的本质不同,导致了商法与劳动法的本质区别。劳动工资关系之所以具有伦理性和人道性,是因为从劳动者自身出发来考虑,劳动者出于维持"生计"或"家计"的实际需要,才受雇并服从安排去从事一定的劳动。

第二章　现代商法的基本制度

现代商法是对一切商事关系进行调整和规范的法律总称,其表现形式十分丰富,内容也极其复杂。对现代商法进行研究不仅能够复兴中国商法学,对于推动社会主义市场经济的发展和繁荣也具有十分重要的意义。本章就在上一章内容的基础上,对现代商法进行更加深入的研究,主要围绕其基本制度展开分析,涉及商事主体制度、商事行为制度、商事登记与商号以及商事账簿制度。

第一节　商事主体制度

商事主体,也可以称为"商主体"。在传统的商事立法中,一般将商主体称为"商人"。商事主体作为一种特殊的民事主体,与一般民事主体相比具有明显的差异。本节将围绕商事主体制度进行分析。

一、商事主体制度概述

(一)商事主体概念

在目前的法律规定中并没有关于"商事主体"的定义,因此在没有法定概念界定的情况下,法学界诸多学者对"商事主体"的概念理解也是众说纷纭,各抒己见,不同角度、不同方面对"商事主体"的解释也存在很大差异。有学者认为商事主体即"商人",①这一理解与传统商法中的解释大致相同。也有学者将商事主体视

---

① 　王保树.商事法论集[M].北京:法律出版社,1999:7.

为"市场经营主体"，①还有学者认为其是"市场主体"。②

商事主体的内涵随着时代的发展和社会的进步也在不断发生变化，如"商人"这一概念用于传统商法中是合适的，但出现在现代商法中则不妥，在现代立法中使用"商人"这一概念，很容易使普通群众产生误解，因为在我国传统文化中，"商人"常常让人联想到走街串巷从事买卖活动的商贩，与传统立法中"商人"的意义明显不同。此外，谈到某些学者认为的"市场经营主体"或"市场主体"，实际上这种理解并不是十分确切。"市场经营主体"所包含的范围很广，其除包含商事主体外，非盈利组织，甚至是做些小买卖的商贩也可以称为"市场经营主体"。"市场主体"的概念本身就很模糊，从广义上理解，"市场主体"除了包含"市场经营主体"外，对市场有着监管作用的国家机关也可以包含在其中。基于上述分析，范健在《商法》一书中这样解释："在现代商法中，商主体指的是，能够依商法规定以自己的名义直接从事商行为，享受权利和承担义务的企业。"③这一解释具有较高的理论价值，不仅明确地指出了商事主体与商行为的实施者间的不同，还对商事主体与商事法律关系主体进行了区分。

商法人、商合伙、商个人、商中间人以及商辅助人都是与商事主体密切相关的概念，在其后的内容中会做具体介绍。

(二)商事主体特征

1.商事主体与一般民事主体

与一般民事主体相比，商事主体具有以下法律特征。

(1)商事行为能力和商事权利能力的形成具有特殊性，商事行为能力可以看作民事权利能力在商事领域的拓展，而商事权利能力是由法律确定的一种从事商业行为的必备资格，其一般要经过国家的特别授权程序，如要求营业登记。

---

① 王俊岩，王保树.市场经济法律导论[M].北京:中国民主法制出版社,1996:65.
② 徐学鹿.商法总论[M].北京:人民法院出版社,1999:187.
③ 范健.商法[M].北京:高等教育出版社,2011:35.

(2)商事主体必须实施商行为,即从事某种以营利为目的的营业活动。商事主体资格与从事商行为具有一致性,仅仅具有商事权利而不具有商行为的主体不能视为商事主体。

(3)商事主体应该能够独立享有商事权利并承担商事义务,其是商事法律关系中的当事人。

(4)商事主体必须以自己的名义实施商行为。

2.商事能力与一般民事能力

商事能力与一般民事能力也存在某些差别,主要有以下几点。

(1)商事能力体现出了商事主体在商法上的特殊资格和地位,其是商事主体依据商法享有商事能力,承担商事义务,并从事商行为的能力。而一般的民事主体如未经法律授权,是不能从事以营利为目的的营业活动的。

(2)商事能力是一种特殊的民事能力。具备民事能力是拥有商事能力的前提,即商事主体一般都具有一般民事能力。

(3)商事主体要经过一定的法定程序,经法律确定后才能获得商事能力,并且商事权利是有法律授权期限的。而一般民事能力则更多的与自然人的生命延续有关。

(三)商事主体分类

商事主体的表现形式是多种多样的,关于商事的理论也是不同的,因此在对商事主体进行分类时,其分类的标准也有很多种。

(1)以商事主体的组织结构形态和法律地位为标准,商事主体可以分为商个人、商合伙和商法人。

(2)以商事主体的法律状态和事实状态为标准,商事主体可以分为完全商主体、拟制商主体和表见商主体。

(3)以商事主体的经营规模为标准,商事主体可以分为大商人和小商人。

(4)以法律设定的要件、程序和方式为标准,商事主体可以分为法定商主体、注册商主体和任意商主体。

(5)以与独立商主体之间的业务关系和营业关系为标准,商事主体可以分为商事独立辅助人和非独立辅助人。

二、商法人

(一)商法人概念

商法人是一种商事主体类型。与商合伙、商个人不同的是,商法人具有法人性。准确来说,商法人是指按照法定构成要件和程序设立的,拥有法人资格,参与商事法律关系,依法独立享有权利和承担义务的组织。

商法人具有以下几方面特点。

(1)商法人拥有独立的财产。

(2)商法人设有独立的机构。

(3)商法人能够独立承担责任,不涉及他人。

(4)商法人不是自然形成的,而是按照法定构成要件和程序设立的。

(5)商法人的行为属于商行为。

我国出现真正以商人法的标准建立起来的法人制度实际上是在现代企业制度建立之后。在传统的计划经济体制下,真正的商法人制度实际上是不存在的。

(二)商法人分类

在不同的国家、不同的社会制度下,商法人分类的标准也是不同的。在我国,与商法人相关的法律制度主要有《公司法》《企业法人登记管理条例》《中外合资经营企业法》《外资企业法》《民法通则》《全民所有制工业企业法》《集体所有制企业条例》《中外合作经营企业法》等。因此,可以对商法人进行以下分类。

1. 国有商法人

国有商法人是依据我国相关法律的规定,由国家投资设立的、从事生产经营活动的,具有独立的商事能力,并获得法人资格的企业或公司。国有商法人可以是国有企业，也可以是国有独资公司或国有控股公司。

2. 集体商法人

集体商法人是根据我国相关法律法规的规定，由公民或集体单位组合而成的，从事生产和经营活动的，具有独立商事能力，能够独立承担法律责任，并获得法人资格的集体商事组织。集体商法人组织形式多样，且领域众多，是现行经济生活的重要组成部分。

3. 合营或合资商法人

合营或合资商法人是指由两个以上的投资主体共同出资，经工商登记注册而成立的商事组织。《公司法》规定，合营或合资商法人如果由不同投资主体共同投资组建，则其为有限责任公司或股份有限公司的形式。合营或合资商法人具有以下特点。

（1）以自己的名义独立从事经营活动，并具有独立的法律人格。

（2）合营或合资各方以其出资额为限对商法人的债务承担责任。

（3）所建立的商法人以其全部财产对外承担法律责任。

4. 私营商法人

私营商法人是由私人投资设立的，从事生产经营活动的，且获得法人资格的企业或公司。私营商法人的组织形式可以是公司，也可以是私营企业。私营商法人具有以下特点。

（1）投资者以其出资额为限对外承担法律责任。

（2）商法人以其全部资产对外承担法律责任。

5. 外商投资商法人

外商投资商法人是指由外商投资设立的，从事生产经营活动的，且取得法人资格的商事组织。外商投资商法人可以是中外合资经营企业、中外合作经营企业和外资企业。外商投资商法人具有以下特点。

（1）投资者以其出资额为限对外承担法律责任。

（2）商法人以其全部资产对外承担法律责任。

（三）商法人能力

商法人的商事能力是受到相关法律法规的限制的，主要体现在以下几个方面。

（1）商法人未经投资者的许可，不得擅自以其财产从事非经营性活动，如捐赠、低价让与法人财产等。

（2）在法律授权的经营范围之外，商法人一般不得从事财产行为。

（3）只有商法人的投资者，即所有者享有对商法人固定资产的处分权；而经营者则没有这种权利。

（4）商法人必须依法从事经营行为，不得违反资金专用条件或其他禁止性义务等。

三、商合伙

（一）商合伙概念

商合伙也是商事主体的重要组成部分，在社会主义市场经济条件下，其经营方式灵活自如，适应能力和应变能力较强，因此各国都纷纷立法，使其存在更加规范。《中华人民共和国合伙企业法》《民法通则》《中外合作经营企业法》等是我国目前用于规范商合伙的主要法律规范。

商合伙，顾名思义，是由两个及以上的合伙人按照法律和合伙协议的规定共同出资、经营、收益，共担风险，并对合伙经营所产生的债务承担无限连带责任的商事组织。

（二）商合伙特征

商合伙具有以下特点。

(1)商合伙是一个拟制的法律主体。

(2)商合伙以自己的名义独立从事商行为。

(3)商合伙不具有完全的责任能力。

(4)合伙人在以商主体的名义实施商行为时,要同时受到法律和合伙合同的限制。

(5)商合伙的合伙人必须是由两个或两个以上组成,合伙人一般应具有完全民事行为能力。

(6)合伙合同是商合伙设立的前提和基础,合伙合同确定了合伙人彼此之间的权利义务关系。

(7)商合伙本身并不是一个完全独立的财产主体,原因是商合伙的财产与合伙人本人的其他财产并不是完全分离的,它既包括合伙人共同出资而形成的财产,也包括商合伙在存续期间营利所得的财产。

(8)以商主体的名义所进行的经营活动,可以由全部合伙人共同组织,也可以共同委托一位或数位合伙人代理组织。

(9)商合伙内部各合伙人之间对商事经营活动的组织和执行享有同等的权利,履行同等的义务。

(10)商合伙内部各合伙人对所进行的商事经营活动共担风险,即对合伙企业的债务承担无限连带责任。

(三)商合伙分类

在我国,由于用于调整商合伙的法律规范不同,因此也形成了多种类型的商合伙,主要有以下几类。

1. 个人合伙

在《民法通则》和有关法规中,个人合伙是指两个以上的自然人,按照法律和合伙协议,以各自提供资金、实物或技术等的形式,合伙经营,共同劳动。

国家工商行政管理局 1986 年 11 月 17 日《关于执行〈民法通则〉对个人合伙登记管理的通知》中明确规定:个人合伙的建立要经过一定的法律程序,必须进行工商登记,并以个体工商户的名义领取营业执照。个人合伙具有以下特点。

(1)个人合伙中的财产所有权归个人,共同享有使用权。

(2)合伙经营积累的财产归合伙人共有。

(3)合伙人共担风险,负连带清偿责任。

(4)个人合伙的商事名称不具有强制性,可以取,也可以不取。

2.合伙型联营

在《民法通则》《企业法人登记管理条例》的规定中,合伙型联营是指企业事业单位之间依照联营合同组建的共同出资、共同经营、共分利润、共同承担无限连带责任的商事组织。

2006年,国家颁布了《合伙企业法》,此后合伙型联营已经完全可以纳入合伙企业之中,其已失去了制度价值。

合伙型联营具有以下特点。

(1)合伙型联营是一个拟制的商事主体,依法登记,并取得商事权利能力和商事行为能力。

(2)合伙型联营的合伙人必须在两个以上。

(3)合伙型联营的合伙人必须是企业,但企业的类型不限,可以是私营企业、混合所有制企业、法人企业,也可以是合伙企业、个体工商户等。

3.合伙企业

合伙企业是指由两个以上的自然人、法人和其他组织依照《合伙企业法》和其他相关法律,按照合伙协议,共同出资、共同经营、共担风险、共负盈亏的商事组织。合伙企业包括普通合伙企业和有限合伙企业两种类型。但需要注意的是,国有独资公司、国有企业、上市公司以及公益性的事业单位、社会团体不得成为普通合伙人。

合伙企业具有以下特点。

(1)合伙协议是合伙企业成立的前提和法律基础。合伙协议确定了合伙人彼此之间的权利义务关系,它只有内部效力,且应当采用书面的形式。

（2）全体合伙人共同出资，共同经营。普通合伙人享有经营管理权，有限合伙人不享有经营权。

（3）全体合伙人共担风险，共负盈亏。但是，普通合伙企业与有限合伙企业不同。在普通合伙企业中，普通合伙人对合伙企业债务承担无限连带责任。在有限合伙企业中，普通合伙人对合伙企业债务承担无限连带责任，而有限合伙人仅以其认缴的出资额为限对合伙企业债务承担有限责任。

四、商个人

（一）商个人概念

在现代商法中，"商个人"具有非常宽泛的概念，其表现形式也是多样的，既可以是一个自然人，又可以是一个户，还可以是一个自然人投资设立的独资企业。

商个人是一个法律拟制的主体，因此其与一般意义上的"自然人"和"户"是有较大差别的。

其一，商个人特指商法上的商主体，其享有商法赋予的权利，并承担义务。这里的"权利"与"义务"明显与自然人的权利与义务是不同的。

其二，商个人必须实施商行为，并承担因商行为所产生的法律责任。除是个体企业名义实施者外，不承担由非营利的行为产生的法律责任。

其三，商个人的名称可有可无，甚至可以和自然人的姓名重合。商个人的名称只对商行为有效。

由自然人成为商个人，必须具备一定的法律条件。

首先，自然人要从事以营利为目的的商业活动。

其次，获得法律授权，依照法定程序进行登记手续。

再次，自然人必须以个体企业的名义实施营业行为。

最后，自然人必须具备完全民事行为能力和责任能力，同时具有与经营规模相应的物质基础。

(二)商个人特征

商个人主要具有以下特征。

(1)商个人具有商事能力,但不具有完全的责任能力。

(2)商个人与自然人的个人属性有紧密的关系。

(3)商个人的财产与自然人或家庭的财产密切相关。在多个国家的法律中都明确规定:创设商个人的自然人或家庭有义务对商个人的债务承担连带责任。

(三)商个人分类

在我国,商个人一般存在三种形式。

1.个体工商户

个体工商户指生产资料属于私人所有,主要通过个人劳动获得收入,并且收入归个人占有的一种经济形式。个体工商户有三种组织形式,分别是个人经营、家庭经营以及个人合伙经营。

个体工商户具有以下特点。

(1)不具备法人资格,对债务负无限责任。

(2)实际上属于企业,应按照登记管理制度进行登记注册。

(3)在税收、管理等方面具有很大的灵活性。

2.个人独资企业

个人独资企业指由一个自然人投资经营,财产为投资人个人所有的,依法在中国境内设立的经营实体。个人独资企业是典型的企业组织形态。我国目前用于调整个人独资企业的法律法规主要有《个人独资企业登记管理办法》《个人独资企业法》等。

个人独资企业具有以下特点。

(1)个人独资企业由一个自然人投资。

(2)个人独资企业的财产归投资人个人所有。

(3)个人独资企业不具有法人资格,属于自然人企业范畴。

(4)投资人以其个人财产对企业债务承担无限责任。

3.私营独资企业

私营独资企业也是商个人的一种类型。私营独资企业是指由一人投资经营,财产为投资人个人所有,雇工 8 人以上的营利性经济组织。实际上,私营独资企业这种组织形态具有历史性和过渡性的特点,从性质角度分析,其属于人个人独资企业的一种。

私营独资企业的特点有以下两点。

(1)私营独资企业由一人投资。

(2)私营独资企业的经营风险由一人承担。

五、商中间人

(一)商中间人概念

对商主体的研究,实际上除了商法人、商合伙、商个人外,还包括商事中介行为。

在我国立法中,一般对商主体与商行为的关系,即是从事间接商行为,还是从事直接商行为或是中间商行为,以及其行为资格的获取,有两种立法模式。

一种是在商主体所从事的商行为登记中明确规定其行为的范围是否在从事直接商行为时兼营中介商行为。

另一种则在登记中明确规定商主体主营范围是从事中介商行为,即中间商。

在我国的工商登记管理办法中,一般对从事中介活动的中间商进行命名时,会在其名称后加以"中介公司"或"代理公司"的字样。这种单独命名的形式,实际上是对其主体身份的界定。

与商事主体相比,商中间人虽然也是从事以营利为目的的商行为,但二者的权利能力、行为能力、经营方式以及税收方式等都是有较大不同的。因此,对商中间人的独立地位予以法律上的确立具有十分重要的现实意义。

(二)商中间人分类

商中间人可以分为三种类型,分别是代理商、居间商以及行纪商。

1.代理商

商事代理活动是现代社会中一种常见的经济活动,代理是一项基本的商行为。目前为止,我国的现行立法中还没有关于代理行为或代理商的专门立法,《民法通则》中涉及一些有关民事代理的规定。

在我国,代理商指的是一种独立的商事经营者,接受委托,固定地为其他业主促成交易或以其他业主的名义缔结交易。[1] 代理商的类型也有很多,如区域代理商、总代理商、单一商事代理商和独家代理商等。

代理商主要有以下几个特点。

(1)行为方式是促成或缔结交易

行为方式有两种,一种是通过代理商的介绍活动,促成企业主与有意缔结交易的第三人之间达成交易协定。另一种是代理商以被代理企业主的名义提出缔约以及为被代理企业主接受他人的缔约。

(2)代理业务范围广泛

代理商的业主,即代理商所代理的对象范围是比较广泛的,可以是商人、自然人,也可以是公法人。

(3)代理商与委托代理人之间是委任关系

代理商与委托代理人之间的委任关系是通过签订契约形成的,是一种持续的法律关系。因此,代理商必须固定地为委托代理人促成交易或以其名义缔结交易。

(4)代理商具有独立性

之所以说代理商具有独立性,是因为其可以自由安排活动,

---

① 杜景林,卢堪译.德国商法典[M].北京:中国政法大学出版社,2000:84.

自由支配时间,自主决定经营方式,同时拥有自己的商号、商事账簿等。代理商的独立性也是其与企业雇员的差别所在。

2.居间商

居间也是一项重要的商行为,它是居间人向委托人报告订立合同的机会或者提供订立合同的媒介服务,委托人支付报酬的行为。[①] 在我国,居间商是指为获取佣金而从事契约缔结之促成活动的商人。居间商在现代社会中,对于促进商事交易发挥着重要的作用,有很大的灵活性和专门性。此外,居间商对市场经济的发展、行情的了解也是比较熟悉和精通的,有时还需要具有一定特殊性的专门的市场知识,如船舶居间商、牲畜居间商、原材料居间商、杂货居间商、动产居间商等。

在大陆法系国家商法中,居间商具有以下特点。

(1)居间商对成功缔结契约这一活动不负有义务。

(2)居间商不受雇佣契约的约束,其是独立的。

(3)居间商所从事的居间商行为追求的是这一行为结果的报酬,只有中介活动生效,居间商才能获取佣金。

(4)大陆法系国家商法中规定:订约委托人除了在居间商的中介活动生效时向其支付佣金外,没有义务向其支付其他费用的补偿。这种规定与我国《合同法》第 427 条关于居间人必要费用请求权的规定是有差异的。

(5)居间商的中介活动通常有两种方式。

一种是居间商只作为传达人将订约委托人的要约转达给第三人,并听取第三人对要约的承诺。

另一种是在居间商的介绍、帮助联系作用下,缔约双方自己直接缔约。

我国立法中并没有专门针对居间商及其行为的规定,《合同法》中对居间行为和居间合同有简要的规定,但是其实际上忽略了商事居间的特殊性,因此存在某些弊端。

---

① 范健.商法[M].北京:高等教育出版社,2011:47.

3.行纪商

行纪也是一种主要的商行为。1999 年颁布的《合同法》将行纪合同列为其中一个重要章节,才使其慢慢被人们熟悉,并逐渐成为了学者们研究的重点。

行纪商作为一个独立的商主体,指的是以自己的名义为他人(委托人)购买或销售货物、有价证券并以其作为职业性经营的人。行纪商的主要特点如下。

(1)以自己的名义履行行纪行为。

(2)行纪商为了委托人,而不是自己,履行行纪行为,因为其与代理商、居间商的作用是不同的。

(3)行纪商与行纪行为的结果,即交易活动的结果有密切的关系,其行纪行为对委托人的经济利益产生影响。

(4)第三人与行纪商之间有着直接的权利、义务关系,与委托人之间则不存在直接的权利、义务关系。

(5)委托人承担最后的交易结果,并接受来自行纪商与第三人之间所立的契约以及因这种契约而产生的权利和义务。

(6)行纪商本身必须从事有关行纪经营的职业,并将行纪交易缔结作为主要的经营业务。但是,有时也会存在特殊情况,这时需要具体分析。

行纪商的出现极大地推动了跨地区商品交易,具有非常重要的意义。

一是推动了国际贸易分工向更加具体化和多样化方向发展。

二是促进了跨地区贸易的发展。

三是在异地交易过程中,异地商人的身份增强了交易对方的安全感,使交易进展更加顺利。

四是异地交易在当地的交易习惯和法律下进行,带来了更大的便利和优惠。

六、商辅助人

简单来说,商辅助人就是帮助商事主体进行商事交易的人,其从属于商主体的委任、支配或雇佣,二者之间存在一定的法律关系。商辅助人也可以称为"商使用人",其本身不是商主体,也不是独立对外的法律关系主体。因此,商辅助人以商主体的名义为法律行为,商主体承担其行为的全部后果。

商辅助人的类型受商主体授予其权力的方式和范围的影响,存在多种形式,也因此形成了二者之间不同性质的法律关系。

(1)委任关系。委任关系是指通过商主体授予商辅助人代理权的形式,商辅助人代商主体为法律行为。基于委任关系而存在的商辅助人类型主要有经理人和代办人。

(2)雇佣关系。雇佣关系是指商主体与商使用人仅存在劳务雇佣关系,二者之间没有代理权授予和法律行为委任的关系。

(一)经理人

经理人是通过委任关系而形成的商辅助人中的一种。作为一种特殊的行为主体,经理权是其产生和存在的基础。

从法律性质上看,这种经理权实际上是一种特殊的代理权。在大陆法系国家商法中,经理人及其经理权体现出了以下特点。

(1)经理人的经理权是通过特殊方式被授予的,因此其是典型的直接代理人,以商主体的名义为法律行为。

(2)经理人在行使经理权时,必须将自己附有标明经理权权限标记的签名附加在商号上,只有这个签名,才能区分开代理行为与个人行为。

(3)为商主体管理事务,并为商号签名是经理人的主要权限。

(4)并不是任何商主体都有授予他人经理权的权利,拥有这种权利的只有完全商人。

(5)经理人的经理权生效的前提条件,除了在商事登记部门履行登记外,还需要由商主体通过"明确意思表示"的方式进行授予。两个条件缺一不可。

(6)经理人所享有的经理权权限范围不同程度上会受到商主体内部管理制度和立法本身的限制。

(7)一个商主体可以同时委任多个经理人,因此经理人的经理权并不是单一的、排他的。

目前,我国并没有专门针对经理人及经理权的立法,虽然有些法律法规,如《公司法》。但是,其中有关于经理的规定是从公司组织机构的角度提出的,与商法中所说的经理人和经理权的概念还存在着一定的差异。

(二)代办人

与经理人相似,代办人也是通过委任关系而形成的一种商辅助人。代办人产生和存在的基础是一种源于代理权而与经理权不同的特殊权能——代办权。

代办权实际上指的是在与第三人交往中被商主体限定一个有效范围的一种代理权。限定代理权的有效范围,其目的便是保护商主体的利益,降低其应承担的风险和责任。代办人便是被商主体授予代办权的人。

代办权与经理权存在明显的差异,主要表现在以下几个方面。

(1)代办权的权限范围比经理权窄得多。一些国家的商法和立法中对代办权的权限范围作了严格限定,如接纳消费贷款、转让与抵押不动产或实施诉讼等代理权都不属于代办权。

(2)小商人可以授予他人代办权,聘用代办人,但其不可以授予他人经理权。只有完全商人才具有授予他人经理权的权利。

(3)代办权的授予不需要由商主体本身实施,商主体的代理人也可以进行这项活动。而经理权的授予必须是商主体本身。

(4)代办权可以通过商主体的默示授予,因此存在容忍代办权和表见代办权。但是,经理权的授予必须通过商主体的明示。

(5)代办人的代理权通常在法律上被严格局限于一定的业务范围之内,而经理人则可以拥有除法律另有规定外的所有代理权。

(6)代办人的签字只能附有表明代理关系的附加标记,而经理人的签字则可以附有标明经理权的附加标记。

(7)在一些国家商法中,代办权不必履行工商登记。但是,经理权必须履行工商登记。

（8）代办权与经理权在种类划分上也有所差异。

代办权可以被分为总代办权、全权代办权、特种代办权、种类代办权等。

经理权则可以被分为共同经理权和分经理权等。

（9）在权利转让方面，二者也不完全一样。

目前，我国并没有专门针对代办人和代办权的完备立法，而在西方国家商法中，有关代办人和代办权的立法规定是比较完善和成熟的。因此，加强对代办人及代办权的研究，进一步完善立法，对规范我国的商事交易秩序具有十分重要的现实意义。

第二节　商事行为制度

商事行为制度是现代商法中一项重要的基本制度。商事行为是使商法从一般民事法中独立出来的根本原因。近年来，商法学界对商事行为的研究逐渐深入，取得了重要的理论和实践成果。本节将围绕商事行为制度展开分析。

一、商事行为概念

商事行为是与商主体密切相关的一个概念，其又可以称为"商行为"。"商行为"在大陆法系国家的商法中是一个法定用语，但是对其概念的解释存在国家与地区的差异。

存在概念解释差异的原因就在于，有些国家和地区坚持以商主体为中心的立法原则，认为商行为是商主体所从事的行为，如德国商法中规定，商行为必须是商人所从事的营利行为。还有一些国家和地区坚持以商行为为中心的立法原则，认为商行为是一般主体所从事的行为，如法国商法中规定，商行为可以是任何主体所从事的营利行为。

此外，还有许多国家和地区的商法典中对商行为的概念没有进行明确的界定，只涉及商行为的部分内容，如中国《澳门商法典》《日本商法典》《法国商法典》和《韩国商法》等。

由于我国目前还没有商法典或类似形式意义上的商法,因此商行为也没有一个法定的概念。商法学界对商行为概念的理解也是众说纷纭,各抒己见。概括来说,诸多学者对于商行为概念的解释可以分为以下三类。

(1)商行为是指商主体所实施的以营利为目的的经营行为。

(2)商行为的实施主体也可以是非商主体。

(3)商行为是直接以交换为目的追求营利的行为。

上述第三种解释实际上属于近代商法中关于商行为概念的解释。而在现代经济社会中,商行为已经体现出了资本性和智力性。[①]

二、商事行为特征

与一般民事行为相比,商事行为有其自身的特征。综合各国的商法立法和一般的商法理论,商事行为有以下特点。

(一)实施主体一般是商主体

商事主体是各种商事行为的主要参与者。商事主体以商事行为为其存在的基础,并将营利作为其行为的目的。在一些国家的法律规定中,只有商主体所进行的行为才能被认定为商事行为。此外,从法律行为的本质看,任何法律行为都有特定的主体,主体的行为能力决定着行为的有效性。因此,商行为是具有商事能力的商主体所从事的行为。

(二)以营利为目的

营利性可以看作判断和推定商事行为的重要依据之一。商行为以营利为目的,而公益行为、行政行为、司法行为等都不以营利为目的。

此外,商行为的着眼点在于其目标,而不是行为的最终结果。

---

① 范健,王建文.商法理论基础专题研究[M].北京:高等教育出版社,2005:348.

最终结果营利与否或能否营利,都不能作为判断商行为的标准。例如,《日本商法典》第 501 条所界定的"绝对的商行为"与第 502 条所界定的"营业的商行为"。①

但是,由于营利目的是实施主体的内心意志,难以从内在表现形式上判断其是否是商行为,只能从外在表现形式上进行推定,从而作出判断。因此,从理论分析的角度看,商行为属于推定法律行为,对其进行判断也要借助于法律推定规则。很多国家和地区的立法或商法中明确规定,只要是商主体实施的行为,就可推定其以营利为目的,因此成为商行为。例如,《日本商法典》第 503 条第 2 款规定:"商人的行为推定为为其营业实施的行为"。

(三)一种经营性行为

商行为是一种职业性营利行为,因此商主体至少在一段时间内会连续不间断地从事某种同一性质的营利活动,而不是间歇性地、偶然地进行营利活动。

经营性活动具有重复性和经常性,因此国家对其进行专门的管理。只有进行了商事登记的行为才可以推定为商行为。但是,需要注意的是,这一结论是存在局限性的,这一点在主观主义立法例、客观主义立法例以及折中主义立法例中是不同的,还需根据国家和地区的差别具体问题具体分析。

我国商法学界大多数的学者都将营业行为作为商行为的重要特征,但对于商主体与营业行为实施主体之间的关系往往并不过多阐明。因此,提高对特定的商法体系框架的认识,加快建立一整套完善的商法体系,明确对商行为概念的界定,才可能正确回答这一问题。

(四)能够体现商事交易的特点

商行为有时也被称为"市场交易行为",因此商行为中可以很明显地体现商事交易的特点。

---

① 日本商法典[M].王书江,殷建平,译.北京:中国法制出版社,2000:153.

1.较高的技术性

商事交易中的某些专业行为,不仅要求行为人熟悉市场行情,了解市场发展规律,还要熟悉法律规定,精通操作技术和规范。

2.商事交易行为要确保公开性

商事交易行为有时会直接关系到交易相对人,甚至是其他公民、社会,乃至国家的安全和利益,因此以一定的方式使交易相对人或社会公众获得商事交易行为的相关信息是十分有必要的。

为确保商事交易行为的公开性,国家设立了强制性法律规范,如上市公司信息披露制度等。

3.注重外观主义与商事效率

与民法不同,商法中的商行为并不关注行为人的真实意思表示,而是特别注重外观主义,以维护交易安全。

此外,商行为注重商事效率,往往采用短期消灭时效(诉讼时效)原则,要求简便、迅捷。

三、商事行为分类

当前,对于商事行为进行的分类,基本上都是依据大陆法系商法典。通过对日本、德国、法国等国家和地区商法典中对商事行为的研究,可以将商事行为分为以下几类。

(一)单方商事行为和双方商事行为

这一分类的根据是商事交易双方当事人不同的交易目的。

1.单方商事行为

单方商事行为是指交易双方中一方是商事主体,而另一方不是商事主体的以营利为目的的商事行为。例如,零售商与消费者间的买卖行为等。

从性质角度看,单方商事行为实际是发生在商事主体与民事主体之间的商事交易行为。此外,各国对单方商事行为的法律规定也是不同的。英美法系国家商法中规定,商法只适用于交易双方中为商事主体的一方,另一方则不适用商法。大陆法系国家商法中规定,只要交易双方中有一方是商事主体,则交易双方都适用于商法。

2.双方商事行为

双方商事行为是指交易的双方当事人都是商事主体的以营利为目的的商事行为。例如,制造商与销售商之间的买卖行为等。双方商事行为适用于商法。

(二)绝对商事行为和相对商事行为

这一分类的根据是确认商事行为的不同标准和依据。

1.绝对商事行为

绝对商事行为是指依照法律规定或行为的客观性而必然认定属于商事行为的交易行为。它又可以称为"客观商事行为"。例如,票据行为、融资租赁行为、海商行为、证券交易行为等。

绝对商事行为仅仅以是否具有符合法律规定的行为形式为认定要件,而不论行为主体是否是商主体,或者其实施行为是否具有营业性。这体现了商法的强行性特征。

2.相对商事行为

相对商事行为是指依行为人的主观性和行为自身的性质而认定的营利性营业行为。

一般来说,相对商事行为认定的要件是实施主体是否是商事主体,以及其行为是否具有营利性。

(三)基本商事行为和附属商事行为

这一分类的依据是同一商事活动内不同的商事行为内容。

1.基本商事行为

基本商事行为是指直接以营利性交易为内容的商事行为,是绝对商事行为和营业商事行为的总称。例如,买卖商行为。

2.附属商事行为

附属商事行为又称为"辅助商事行为",是指在其行为本身并不直接以营利为目的,但可以协助基本商事行为实现的辅助行为。例如,广告行为。

附属商事行为相对于主商事行为来说,是一种从属性商事行为。简单来讲,它就是商事主体为实现营利目的而附带进行的行为。附属商事行为的主体本身实际上也是为了实现一定的营利目的。

第三节 商事登记与商号

商事登记是国家用于调整商事交易行为的重要手段,对于维护市场秩序,保障商事交易的安全具有十分重要的意义。商号是一种特殊的财产形式,与商主体的信誉、对外责任以及交易中第三方的利益有紧密的联系。本节主要围绕商事登记与商号展开分析。

一、商事登记

(一)商事登记概念

商事登记是指商主体或商主体的筹办人,为了设立、变更或终止其主体资格,依照商事登记法规定的内容和程序,向登记机关提出申请,经登记机关审查核准,并将登记事项记载于登记簿的法律行为。①

---

① 范健.商法[M].北京:高等教育出版社,2011:65.

商事登记的内容和范围是有限的,经营者只需登记与商事经营相关的内容即可。商事登记的必要内容有商号、经营场所、商主体的住所、分支机构、经济性质、财产责任、法定代表人、经营范围、注册资金等。

(二)商事登记特征

商事登记的主要特征有以下几个方面。

(1)商事登记的结果是商主体的资格和能力发生了变化。

(2)商事登记具有十分严格的法律设定要求,其内容、方式以及生效等都必须符合法律的要求。

(3)从本质上说,商事登记体现了商法的公法性。有学者甚至将商事登记归为行政行为。

(4)商事登记是创设和确立商事法律关系的基本要素,其是商法体系中重要的组成部分。

(三)商事登记对象

商事登记的对象为商主体,但是在不同国家和地区的法律规定中对需进行商事登记的商主体以及商事登记的程序又有不同的限定。大多数国家和地区的法律中规定,只要商主体符合商事登记的条件,其就可以或必须进行商事登记。也有国家和地区的法律中规定,小商人,如沿街叫卖者、临时性设摊经营者等不必进行商事登记,完全商人才能履行商事登记。

在我国,通常有两种方式对商事登记对象进行分类。

(1)三分法。在三分法中,商主体可分为公司、非公司企业和外商投资企业。

(2)二分法。二分法将商主体分为两类。

第一,具备企业法人条件的企业。这种类型的企业有很多,如联营企业、集体所有制企业、有限责任公司、全民所有制企业以及其他性质的法人企业。

第二,不具备企业法人条件的企业或经营组织。这种类型的企业或经营组织主要有企业集团、个人独资企业、企业法人所属的分支机构、联营企业、外国公司的分支机构、事业单位和科技性社会团体设立的经营组织等。

（四）商事登记管理机关

我国商事登记管理机关是国家工商行政管理机关。它的主要职责是按照商事登记法的规定，接受商事登记申请，并依法具体办理相关登记手续。同时，独立行使登记管理职权，并接受上级登记主管机关的纠正。

在各国的法律和相关规定中，商事登记管理机关主要存在四种模式。

（1）商事登记管理机关为法院。例如，德国、韩国等。

（2）商事登记管理机关为法院和行政机关。例如，法国。

（3）商事登记管理机关为行政机关或专门设立的附属行政机构。例如，美国、英国、日本等。

（4）商事登记管理机关为专门注册中心和商会。例如，荷兰。

（五）商事登记分类

关于商事登记的种类，不同国家和地区的商事法中的规定不尽相同。在我国，一般来说，商事登记有三种类型：开业登记、变更登记和注销登记。

1. 开业登记

开业登记也可以称为"设立登记"，商主体的创设人在向商事登记管理机关提出设立商主体的申请后，登记机关依法进行办理登记。企业和商个人都可以进行开业登记。

在实际社会生活中，商主体的开业登记主要有三种类型。

（1）公司开业登记。

（2）非公司企业开业登记。

（3）外商投资企业开业登记。

根据相关法律规定，商主体在进行开业登记通常涉及以下几个方面的内容。

(1)名称登记。这里的"名称"指的是商号,即商主体在从事商行为时所使用的名称。

(2)出资人登记。出资人是指向商主体投资的人。需要注意的是,在法律规定中,有些组织或个人不享有出资人的资格,主要有以下四类。

第一类是党政机关、武警部队、军队。

第二类是公司不得持有本公司的股份。

第三类是会计、律师事务所、审计事务所、资产评估事务所。

第四类是企业法定代表人不得成为所任职企业投资设立的有限责任公司股东。

(3)住所登记。商主体实际可以有多个办公或经营地点,但在进行开业登记时,只需登记一个主要办事机构的地点。

(4)法定代表人登记。法定代表人是指依照法律或商主体章程的规定代表商主体行使权利承担义务的负责人。

(5)注册资金登记。注册资金,即注册资本。注册资金的概念在公司、非公司企业和外资企业中是不同的。

(6)章程登记。章程是公司行为宪章,其内容除法律规定应记载的事项外,还可以增加经营目标、发展方式、内部管理等内容。章程的制定在公司、非公司企业和外资企业中也是不同的。章程需经过登记才能产生法律效力。

(7)企业的类型和经济性质登记。企业类型是指企业的产权形式和责任形式。经济性质是指企业的所有制性质。

(8)经营范围登记。经营范围是指商主体在经过法律授权后,可以从事经营活动的领域或行业。商主体的经营范围要与其注册资本相适应。

上述开业登记的内容并不涉及全部,法律对不同形式的商主体所规定的注册登记事项是有一定差异的。有的还涉及商店字牌、商主体开业日期、从业人数、商主体印章、银行账户等。

2.变更登记

变更登记指的是已经成立的商主体,因其自身情况的变化,在商事登记管理机关变更已登记事项的法律行为。

商主体进行变更登记有很多种情况。例如,商主体经营场所、经营范围、经营方式发生了变化,或者注册资金、股东人数发生了改变,又或者商主体进行了出租、转让、联营或合并等。

3.注销登记

注销登记是指商事登记管理机关依法对被终止经营的商主体,采取收缴营业执照、公章,撤销其登记注册号,取消其商主体资格或经营权的法律行为。这种行为对于保障社会交易活动的安全,加强对商主体的宏观管理有重要的意义。

当商主体因某些原因终止营业时,必须进行注销登记。关于导致商主体终止经营的原因,可以归纳为以下四点。

(1)解散。当市场行情发生了无力应对的变化,商主体进行了合并、分立,或者股东会、投资者决定解散时,商主体便会停止经营活动,终止其资格。

(2)歇业。如果商主体成立后,在无正当理由的情况下,在一定期间内(公司和非公司企业均为 6 个月)未开业或开业后自行停业连续一定期间(公司为 6 个月,非公司企业为 1 年),则视为歇业。

(3)被撤销。当商主体进行了违法行为时,政府有关部门或行政主管部门会依法作出行政命令或行政处分,迫使其停止经营,取消其商主体资格。

(4)宣告破产。根据法律规定,商主体因经营管理不善造成严重亏损,无力偿还到期债务,应依法律程序破产。

(六)商事登记程序

各国关于商事登记的程序大体上都可以分为五步:申请、受理、审查、核准发照以及公告。

1.申请

申请是指由商主体或其创办人提出的开业、变更或注销登记的行为。申请必须以书面形式,按照法定要求填报和提交相关的文件、证件,有时还需提交相应许可证明书。

2.受理

受理是指商事登记管理机关对登记申请人提交的登记文件进行初步审查,在确认文件齐全并符合申请条件后作出的接受商主体申请登记的法律行为。

受理机关在接到申请后 30 日内作出对其核准登记与否的决定,并在登记文件中签署受理时间和受理意见后,以《受理通知书》方式向申请人作出答复。

3.审查

审查是指受理机关在接到申请后,于法定期限内对所提交的申请内容,依法进行审查的行为。审查的形式有三种:形式审查、实质审查与折中审查。

4.核准发照

核准是指受理机关对登记申请人提交的文件予以审查后,做出的登记和颁发证照的批准行为。

5.公告

公告是在商事登记之后,通过报道或其他途径让公众周知登记的有关事项。

二、商号

(一)商号概念

商号是指商主体在从事商行为时所使用的名称,即商主体在商事交易中,用以署名或其代理人与他人进行商事交往时使用的名称。①

---

① 范健.德国商法[M].北京:中国大百科全书出版社,1993:145.

不同国家和地区的法律中对商号概念的解释也是不一致的。我国有些法律中对商号的界定也是不统一的。例如,《企业名称登记管理规定》中将工商企业的名称称为"企业名称"。又如,《民法通则》中将个体工商户和个人合伙的商事名称称为"字号"。

在传统的观念中,商主体的名称可以统称为"商号"。因此,可以从狭义与广义两个角度进行解释。狭义上的"商号"仅仅指字号,而广义上的"商号"则与商事名称相同,既包括"企业名称",也包括"字号"。

(二)商号特征

商号作为商主体从事商行为时所使用的名称,在法律上具有以下几方面的重要特征。

(1)商号不等同于商主体,它仅仅是一个名称。

(2)商号是商主体间相互区别的重要外在标志。

(3)商主体只有在实施商事行为时才可以使用商号。

(三)商号分类

商号与商主体的性质、形式或特征存在一定的联系,因此商号的表现形式也是多种多样的。在一些商法学研究中,商号通常可以分为以下几类。

1.简单商号与组合商号

在大陆法系国家商法典中,简单商号是指仅由一个姓名组成的商号。这种商号可以单独存在,也可以成为其他形式商号的核心部分。

组合商号是指由简单商号作为核心部分再加上其他附属部分而组成的一种新形式的商号。其中,附属部分和核心部分具有同样的意义和地位。

2.独资商号与公司商号

独资商号是指由经营者的姓名加上经营内容组合而成的商

号。例如,亨利汽车厂。

公司商号中包含着能够揭示公司性质的专有标记,并不包含完整的公民的姓名。

3.人名商号、物名商号、混合商号

人名商号是根据经营者的姓名命名的商号。独资商号和某些以经营者姓名命名的公司商号都是人名商号。

物名商号是根据企业经营的标的物命名的商号,如公司商号。

混合商号是根据人名和企业经营标的物共同命名的商号。

4.原始商号、派生商号、继获商号

在大陆法系国家商法理论中,原始商号指的是商主体创设时命名的商号。

如果商号是人名商号,该商号被继承,现有商号所有人拥有与原商号中使用的相同的姓名,这个商号便被称为派生商号。

继获商号是指商主体的经营内容发生变化或商号持有人发生变化,依然可以被其共同使用的商号。

(四)商号选定

不同国家和地区在选定商号时所奉行的原则是不同的。

1.商号自由原则

商号自由原则指的是商主体在选用商号时,商号的内容可以与商主体和商行为没有密切的联系,不受法律的限制。不过这里的"不受法律的限制"也仅仅是相对而言,并不是完全的自由,商号选定时有些内容也是被禁止使用的。奉行商号自由原则的国家主要有英国、美国、日本等。

2.商号真实原则

商号真实原则指的是商主体在选用商号时,受到了严格的法

律限制,商号的内容必须真实反映商主体的营业种类、经营范围、投资状况等。采用商号真实原则的国家主要有德国、法国、瑞士等。

从《企业名称登记管理规定》中可以看出,我国商号的选定奉行的应是商号真实原则。根据相关法律的规定,我国商号的构成一般包括四个部分。

第一部分是主体所在地行政区域的名称。

第二部分是主体的具体字号。

第三部分是依照国家的行业分类标准划分的主体行业或经营特点。

第四部分是主体的组织结构或责任形式。

(五)商号登记

进行商号登记,是使商号获得法律保护的必要条件,也是商主体成立的重要前提之一。商号登记后就会产生双重的法律效力,一是排他效力,即专有使用权;二是救济效力,即当出现侵权者时,可以依法请求司法救济,要求其赔偿损害。

商号登记可以根据不同的登记原因和目的,分为以下几类。

(1)商号创设登记。商号创设登记是商主体创立的重要步骤。只有对商号进行了创立登记,其才能成为商主体的名称,才能具有法律效力。

(2)商号变更登记。商号变更登记是商主体使用新商号的必经程序。商主体如果在未进行经营商号变更登记前使用了新商号,则该新商号不可对抗善意第三人。

(3)商号转让登记。商主体将已登记的商号转让给其他商主体或与他人共同享有时,必须进行商号转让登记。只有在进行商号转让登记后,商号的转让才生效。

(4)商号废止登记。商主体在终止经营,不再继续使用商号时要进行商号废止登记。

(5)商号撤销登记。商号撤销登记是指当发生法定事由后,主管机关依职权撤销商主体经营资格,并一并撤销商号时所依法进行的登记。

(6)商号继承登记。商号继承登记是指业主死亡,由继承人继承其经营,依继承事由所办理的登记。

(六)商号废止

商号废止后便失去了法律效力。一般认为,商号的废止可能因为以下三种原因。

(1)该商号在登记之后不再使用,可能通过办理注销登记手续而废止,也可能因未办理注销登记手续而自行废止。

(2)该商号的商主体发生了变更,产生了新的商号,该商号被废止。

(3)该商号的商主体没有发生变更,但商号发生了变更,产生了新的商号,该商号作为原有商号被废止。

第四节　商事账簿制度

随着现代经济社会的发展,商事账簿已不仅仅关系到商主体内部的经营、财产事宜,更直接与社会大众的利益息息相关,对社会交易的安全和经济秩序的平稳有重要影响。本节主要围绕商事账簿制度展开分析。

一、商事账簿概念

商事账簿是指商主体为了表明其经营、财产状况而依法制作的账簿。随着社会经济的发展和计算机技术的普及,除了大众熟知的书面形式外,电子形式的商事账簿也已相当普遍。

商事账簿与会计账簿是不完全相同的。二者之间既存在联系,又有明显的区别。

(1)联系:账簿是会计的记账工具,会计是账簿的制作者。

(2)区别:会计包含两大不同的体系。

一是政府会计,政府账簿属公法调整范围。

二是商事会计,商事账簿属私法调整范围。

由此可以看出,会计账簿的范围比商事账簿大得多,商事账簿仅是其中的一种类型。

二、商事账簿特征

商事账簿有以下几方面的特征。

(1)商事账簿的制作主体为商主体,它借助货币单位计量,通过账簿语言将商主体的商事能力和义务直接转化为收入、费用、资产、利润、负债等表现形式。非商事主体不设置商事账簿。

(2)与政府账簿相比较,商事账簿的设置内容和目的是不同的。

商事账簿的内容通常包括资产负债表、财务状况变动表、损益表,并且以营利为目的。

政府账簿的内容通常是国家各级政府的财政收支和财物保管情况,其上报是消耗性的。

(3)商主体是否必须设置商事账簿以及如何设置,主要取决于法律的明确规定。

三、商事账簿分类

由于各国商事账簿制度和会计制度的差异,因此关于商事账簿的分类标准也是不同的。有的国家商法中将商事账簿分为日记账、分类账和分户账,也有的国家商法分为日记账、总账和存货明细账,还有的将其分为序时账、分类账和备查登记簿。

在我国,对商事账簿进行分类,一般参照会计、审计等法律法规中的规定,将其分为三种类型。

(一)会计凭证

会计凭证记录的是商主体日常经营活动情况,如货币收付、结算、货物进出、财产增减等。会计凭证须由经办人员真实、客观地填制并签字盖章,以此作为货币收付、结算,得出财物,处理财产的书面依据。它也是登记商事账簿的依据。

会计凭证有原始凭证和记账凭证两种类型。

1.原始凭证

原始凭证又称"单据",它用来记录或证明商事发生和完成的状况,是一种原始书面证明。准确无误的原始凭证可以作为原始资料,用来登记明细账和编制记账凭证。

2.记账凭证

记账凭证是指根据审核后的原始凭证或原始凭证汇总表,按照交易业务内容予以分类、整理、填制,可以直接作为记账依据的凭证。记账凭证有多种分类方式。

(1)不同的编制方式:复式记账凭证和单式记账凭证。

(2)不同的记录内容:收款凭证、付款凭证、转账凭证。

(二)会计账簿

会计账簿是按照一定的程序和方法,全面、系统、连续和分类记载并反映商主体经营业务活动的簿册。法律规定,商主体必须根据其经营活动的实际需要,制作与其经营特点相适应的会计账簿。

按照性质和用途的不同,会计账簿可分为三类。

(1)序时账簿。序时账簿按照时间先后顺序,对交易活动内容进行记载。它有普通日记账和特种日记账两种形式。

(2)分类账簿。分类账簿按照会计科目的分类,对全部的交易活动内容进行记载。

(3)备查账簿。备查账簿的主要作用就是补充记录某些日记账簿或分类账簿中缺失的交易内容。

(三)财务会计报告

账务会计报告是指商主体依法向政府提供或向社会披露的反映其财务状况和经营成果的书面文件。

根据服务对象的不同,财务会计报告有对内报告和对外报告之分。

根据编制和报送时间的不同,其又有月份报告、季度报告和年度报告之分。

在会计法的相关规定中,财务会计报告由三项内容组成,分别是会计报表、会计报表附注和财务情况说明书。

第三章 公司法的理论与应用研究

在当今社会中,公司成为最活跃的经济主体之一。为了保障公司的有序运转,公司法应运而生。掌握公司法的相关理论并对其应用展开研究对于明确公司的权利义务,从而更好地发挥其在社会经济发展中的作用都具有十分重要的意义。

第一节 公司法总论

公司法总论是对公司基本问题的研究,主要涉及公司的法律性质、公司产生的经济原因、公司的类型以及股东、股份等内容。

一、公司的法律性质

(一)公司的法律地位

一般来说,公司的注册资本有两种来源:由股东出资、由股东购买股份。公司章程与公司机关则由股东协商而产生。在国家工商部门进行登记注册后,公司就成立了。法人财产权由股东投资形成,公司是全部法人财产权的权利主体。各种知识产权权利、不动产权利、动产权利以及其他一些能够为法人享有的其他民事权利都属于法人财产权的范畴。

对自然人来说,每个人自出生之日起就享有当然的民事权利能力。可见,公民享有平等的法律地位,人格是一种天赋人权。与自然人不同,公司法人的民事权利必须由法律赋予。此外,不同公司在社会经济发展过程中承担着不同的职能,因此公司法人的民事权利并非完全一致,而常常有所差别。具体的差别由公司章程进行规定,并经公司登记机关登记后具有法律效力。

（二）公司的行为特征

公司能够以自己的名义承担民事责任、享有民事权利，是一个独立的主体，同时也是具有法人资格的经济组织。根据法人制度的相关理论，法人不像自然人那样具有自然生命力，既不具有行动能力也不具备思维能力，而是依据国家相关法律法规而成立的主体。因此，法人在行使民事权利时必须依赖自然人的帮助，即由其法定代表人与授权代表人代为行使公司法人的民事权利能力，且由此带来的一切后果均由公司来承担。更进一步地说，如果公司成员在代表公司履行职务时给他人带来损失，则相关责任与公司成员没有关系，均由公司来承担。需要注意的是，如果公司成员是因非职务行为而给他人带来损失，应由其个人来承担相关责任。

（三）公司的有限责任

公司的对外责任由公司以其全部资产来承担，股东则依其具体出资来对公司承担相应责任，这是由公司的基本法律性质决定的。可见，这两种责任都是有限责任而并非无限责任，股东只要出资到位，就无须对公司的债务承担责任。公司以资产为限来承担对外的责任，如果公司丧失偿债能力并进入破产程序之后，公司应以现有资产来承担相关责任。所以，对不能完全受偿的债权人来说，公司的责任属于有限责任，这就意味着投资者的无限责任与相互之间的连带责任得以免除。因此，一旦出现，公司的组织形式就可得到快速发展，并轻松地将社会上的沉淀货币与其他财产融入市场，并使其转变为一个财产集合体。这一集合体能够通过流通而带来利润，并通过规模的不断扩大而获得更多的利润。从这个角度来看，公司是一个财富与资产的集合体，这些财富与资产由股东出资而形成。为了对公司进行规范管理，公司以其经营管理特点为依据而建立法人治理结构，并通过盈利来对股东进行回报。公司资本的民主性通过资金的集合性质得以体现，股东会（股东大会）为股东行使权利提供了平台，在对公司的重大事项进行表决时采取少数服从多数的方式,这体现了资本的民主。与个人独资企业、合伙企业相比,公司的经营管理模式更加科学、规范,这也使其在经济活动中占据了主导地位。

另一方面,由于公司能以自己的名义独立承担民事责任,因而具有法人资格。如果公司资产不足以偿还债务,则可采取破产清算的方法,并终止其法人资格,不论是股东还是公司都承担有限责任。这不仅有利于促进投资,还可为拟投资者起到示范作用,以解除其投资之后的顾虑。

二、公司产生的经济原因

人们为了追求利润最大化而联合在一起,并将每人的财富与资金也集合起来形成一个联合机构,即公司。公司不仅将社会中的资金转变成资本,满足人们创造利润的需求,还可以把小型的零散生产能力集中在一起,使之成为大型生产力。此外,民法制度中的法人制度在经济中的作用通过公司得到极大的扩张,公司只承担有限责任也使股东摆脱了连带责任与无限责任所带来的顾虑。然而,当人们将资本集合在一起用来创造利润时,不可避免会对公司的经营管理、发展方向以及利益分配等产生认识上的分歧,而为了解决这些问题就必须制定统一的规则。众所周知,人类进入工业文明后,公司才产生,可见公司是工业文明的产物。因此,在调整公司关系时就不能使用诞生于农业社会的合同法、民法等,否则会顾此失彼。换句话说,如果在对公司的权利义务关系以及公司成员之间的关系进行调整时仍仅仅使用合同法、民法,则很难使当事人口服心服。生产力的不断发展催生了新的组织关系以及当事人之间新的权利义务关系,同时也呼唤新法律的出台,以此来对特有的权利义务关系进行规定与调整。正是在这样的情况下,公司法诞生了。

三、公司的类型

(一)有限责任公司

所谓有限责任公司,是指公司以其全部资产对外承担责任、股东以其出资额为限对公司承担责任的企业法人。有限责任公司的前提是股东之间的相互信任及共同出资,股东之间相互联合的内容则通过共同意志得以体现。因此,有限责任公司在传统商法又被称为"人合性公司"。一般来说,有限责任公司的股东既可以是自然人,也可以是法人,股东人数为 50 人以下,公司规模可根据经营范围的变化而变化。就目前的情况来看,有限责任公司是经济活动中最便捷的经济组织形式。

(二)国有独资公司

所谓国有独资公司,是指由国家单独出资的有限责任公司。其特殊之处在于,出资人职责由地方人民政府国有资产监督管理机构履行,而地方人民政府国有资产监督管理机构通常应得到地方人民政府或国务院的委托或授权。一般来说,采取国有独资公司形式的常属于特定行业,或者生产某些特殊产品的公司,如关系到重大国计民生的公司或军工企业等。国有独资公司的章程由国家授权的部门或国家授权投资的机构制定(审批)。此外,公司财产转移手续、公司财产转让的审批权以及对公司资产的监督管理都由国家授权的部门或国家授权投资的机构来负责。由于国有独资公司只有一个股东,因此国有独资公司只设董事会,而不设股东会。需要注意的是,监事会是国有独资公司的必设部门,且监事中必须有职工代表。

(三)一人公司

所谓一人公司,又称"一人有限责任公司",是指只有一个股东的有限责任公司。这个股东既可以是法人,也可以是自然人。由于只有一个股东,其法定注册资本的最低限额为 10 万元人民币,以此来更好地保护债权人的利益。此外,股东自己的财产与公司财产应在账目上进行严格的区分,否则将由股东对公司债务承担起无限责任。

(四)股份有限公司

所谓股份有限公司,是指将公司的全部资本划分为等额股份,公司以其全部资产对外承担责任、股东以其所持有股份为限对公司承担责任的企业法人。根据法律规定,股份有限公司的发起人最少为 2 人,最多不能超过 200 人;最低注册资本不能低于人民币 500 万元。股份有限公司的设立方式包括两种:募集设立与发起设立。其中,只有经募集设立的公司才可能成为上市公司,且公司拟发行股份总额中至少 35% 的股份应由发起人认购。

股份有限公司可以将现代企业经营管理方式、社会投资规模以及投资者的有限责任最大限度地综合在一起,将可以利用的社会资金集中在一起投入到特定项目上,因而是一种较完善的公司形式。此外,股份有限公司可以将少数小型企业、少数人难以做到的事情轻易完成,并可以在短时间内调动较大的生产能力,所以很受投资者的欢迎。在证券市场上,股份有限公司在集资方面具有其他经济形式所不具备的高效、简便的优势,能够极大地推动资产兼并,吸引投资者的后续投资,因而是最受投资者和国家关注的企业。股份有限公司将很多股东的资本集合在一起,所以又被称为"资合性公司"。

(五)无限责任公司

无限责任公司产生于近代欧洲,虽名为公司,其本质是一种合伙企业。合伙企业具有比较悠久的历史,老板、合伙人、所有人等出资人对企业债务承担无限连带责任是其主要特征。无限连带责任使无限责任公司获得较高的商业信誉,人们普遍认为,若某个合伙人的财产不能清偿公司债务时,其他合伙人会共同承担连带责任,若合伙企业的财产不足以清偿债务时,合伙人会用自己的财产来承担。合伙企业的无限连带责任使其以较小规模赢得了较多的业务机会,所以被很多投资者采用。当人类历史进入资本主义社会后,一些精明的合伙人看到了"公司"的巨大商业潜能,为了得到更多的业务机会,便将合伙企业更名为无限责任公司。

随着无限责任公司数量的增多,由此所带来的一系列设立、消灭、变更等程序问题以及经营管理问题也随之出现,于是出台了一系列与无限责任公司相关的法律法规,并最终使无限责任公司正式成为法律上承认的一种主体。

需要注意的是,公司在我国法律中被明确规定为有限责任公司,可见无限责任公司这种经济形式在我国法律中是不被认可的。此外,如果不承担有限责任,就不能称为公司,因此合伙企业不能使用"公司"这一名称,因其以全体合伙人承担无限连带责任。

(六)两合公司

所谓两合公司,是指由一部分出资人承担有限责任,由另一部分出资人承担无限责任的经济实体。具体来说,承担有限责任的股东没有无限责任的顾虑,因而可以放心大胆地进行经营管理;承担无限责任的股东则可以凭借自身较高的商业信誉而获得更多的业务机会。可见,两合公司将有限责任公司与无限责任公司的优势集合在一起,既能吸引更多投资,从而使公司的资本与经营规模不断扩大,又具有较高的商业信誉,从而提升市场竞争力。在具体的实践中,承担有限责任的股东通常只出资而不参与经营,更不参加公司的重要管理事务,而承担无限责任的股东通常担任公司的董事和经理。2006 年 8 月 27 日,我国修订的《合伙企业法》对有限合伙制度进行了规定,两合公司与这种有限合伙制度有很大的相似性。

四、股东和股份

公司的投资者被称为股东,当公司进行清算、偿还债务后,股东是公司财产的最终承受者。由于公司在性质上的差别,公司股东身份的确认所应遵循的流程也有所区别。具体来说,有限责任公司的股东具有由各投资者互相承认并共同出资的身份,即使在公司成立后的股份转让产生的新股东,仍然要由其他投资者承认之后才能接受股份的转让,才能成为新的股东。股份公司的股东要有发起人的条件或者购买股份(票)的条件。公司股东因持有公司股份而享有股权,如选择管理者、参与重大决策、依法享有资产受益等。

第二节 公司基本制度

关于公司的具体规定既涉及公司的成立、存续、变更、消灭，又包括公司的内部管理制度，如法人治理结构、基本财产制度、股东救济制度、合并与分立制度、解散与清算等。因篇幅所限，本节将对公司法人治理结构与合并、分立制度进行阐述。

一、公司法人治理结构

所谓公司法人治理结构，是指公司行使民事行为能力的管理模式与组织机构。公司法人治理结构有利于公司章程的有效执行，从而使公司的对外交往与生产经营都在法律范围内有序进行。具体来说，公司法人治理结构涉及股东会（股东大会）、董事会、经理、监事会等机构与负责人的职权及权利义务。其中，股东会（股东大会）是公司的权力机构，董事会是公司的权力执行机构，经理是公司的行政事务、经营管理的负责人，监事会是公司的监督管理机构。

（一）公司权力机构法律制度

1.公司权力机构的概念

所谓公司的权力机构（以下简称"权力机构"），是指股东有限公司的股东大会和有限责任公司的股东会。公司是在符合法律规定的条件与程度的基础上所成立的企业法人，公司的资产来源于股东的出资。与自然人一样，公司作为法人也应享有一定的权利并承担一定的义务，但二者的主体性质存在着明显差别，主要表现在自然人的决策主要来源于大脑，公司的决策主要来源于公司机关，如董事会、经理、监事会等。公司的这些机关都是由权力机构产生的，公司章程以及其他一些重大事项也都是由权力机构决定的，因此权力机构是公司法人的组织基础。换句话说，公司权力机构为股东行使权利创造了平台，是其他公司机关诞生的母机关。

2.公司权力机构的组成

股东大会与股东会是公司的权力机构,所有的股东都有资格参加。可见,会议是公司权力机构的表现形式。对股东来说,股东会与股东大会是可以自由参加的,参加时可行使表决权、质询权、提议权等股权权利,股东也可委托他人代为表决。如果股东不参加股东大会或股东会,就等于主动放弃了自己的股权权利,但仍要接受股东大会与股东会所通过决议的约束。

3.公司权力机构的决议方式

股东参会时,公司权力机构形成。如果参会股东的表决权达到法定比例,则可以对议案进行表决,经法定程序表决通过的议案对未参会的股东也有约束力。股东在股东大会与股东会上的表决权取决于其出资份额与持股比例。在长期的实践中,逐渐形成了"资本多数决原则",即股东依其出资(持股)多少来享有相应的表决权。可见,并非每名公司成员都能在公司的经济制度中享有同等权利,当其具有相同的出资(持股)时,便可以享有同等的权利。尽管每个股东都有参加股东大会或股东会的权利,但在对一些重大事项和公司章程进行表决时,应坚持少数服从多数的原则。

(二)董事会

1.董事会的组成

董事会是由董事所组成的组织。根据我国《公司法》的相关规定,有限责任公司的董事会的成员数量为 3 至 13 人,股份有限公司的董事会的成员数量为 5 至 19 人。董事通常由符合条件的自然人或法人来担任。当由法人来担任董事时,应根据席位数量来选派符合条件的人作为法人董事的代表。董事确定之后,非经法定程序不可随意更换。

2.董事会的职责

董事会以公司法和公司章程的规定来对公司进行权力治理，是公司的权力执行机构。由于股东大会与股东会采取会议的形式来展开工作，在闭会期间，董事会可在一定范围内行使公司权力。

根据现代公司治理方式，公司权力由不同机关共同行使，每个机关负责公司权力的一部分。具体来说，公司的决策权由股东大会或股东会来行使，董事会则行使其余的决策权。可见，董事会是公司的权力执行机构，有利于公司保持正常的经营与管理。

3.董事长

董事会的主持人通常由董事长来担任。此外，董事长在很多情况下都是公司的法定代表人。1993 年的《公司法》就对董事长的法定代表人身份进行了明确规定。鉴于各公司的不同情形，2005 年的《公司法》进行了适当修改，不再将公司法定代表人确定为董事长的唯一人选，而是将决定权交给股东大会、股东会或公司章程。换句话说，董事长由董事选举产生，是公司首长，除主持董事会的会议之外，还应遵照公司章程或《公司法》的规定来行使权利。如果董事长的行为超越规定权限，则属于个人行为，但为保护交易安全，这种行为仍被视为公司行为，由此产生的权利义务关系以及债权债务关系仍由公司来承担，且债权人可向公司与董事长要求二者之间的连带责任关系。

例如，某旅游公司以咨询、组团等与旅游相关的业务为经营范围，董事长在未经股东大会许可的情况下私自购买一艘渡轮。由于未取得经营资格，该渡轮因长期占用流动资金而为公司带来较大经济损失。当无法对债务进行清偿时，债权人有权要求该旅游公司与董事长承担连带责任。

4.董事

（1）董事的种类

所有董事在董事会中享有平等的地位，在进行表决、发言和参与时享有同等的权利,并承担同等的义务。董事可依不同的标准来进行分类,通常包括以下三种。

第一,以是否经股东大会或股东会民主选举产生为标准,董事可分为委派董事与当选董事。委派董事因出资(持股)比例而拥有董事席位,当选董事因选举而拥有董事席位。

第二,以是否承担其他公司职责为标准,董事可分为普通董事与执行董事。只担任董事而不再担任公司其他高级管理职务的董事为普通董事,除担任董事之外还同时担任公司其他高级管理职务的董事为执行董事。

第三,以是否因资本而成为股东为标准,董事可分为独立董事与普通董事。独立董事并非因出资(持股)而具有董事资格,普通董事因出资(持股)份额较多而具有董事资格。

(2)董事的职责

作为公司的领导成员,董事应遵守公司章程与公司法的相关规定。在处理公司事务时,董事享有平等的治理权,即每位董事都享有同等的表决权。在履行职责时,董事应尽忠职守。为保障公司治理结构的稳定从而为公司的正常运转创造良好的条件,董事非经法定程序不得撤换。

(3)执行董事

一般来说,执行董事依公司是否设立董事会而有所区别。具体来说,当公司设立董事会时,董事会成员通常同时兼任公司经理及市场、研发、销售、财务等部门的负责人,且可依据管理需要由若干董事会成员充任执行董事。在一些因规模较小而不设董事会的有限责任公司,通常只有一人来承担公司的领导职责。

5.独立董事

如果一个董事因其拥有较高信誉度和知名度,而并非因出资(持股)份额而当选为董事,则其就是独立董事。从组织关系来看,独立董事并非公司雇员,因而也不参与公司的具体经营与管理。从资本关系来看,独立董事通常不是股东。在具体的实践中,如果独立董事拥有部分公司股份,其份额也通常较少。从职责权限来看,独立董事必须出席董事会,且应对每一项议案进行表态。上市公司的董事会所做出的决议如果遭到独立董事的反对,则应将其作为临时重大事件向社会大众及时公开,以此来保障公司的良性治理,也在最大限度内保证了股东利益。

6.董事会秘书

董事会秘书是董事会的工作人员,主要负责对外联络、会议记录的保管、议事的记录、董事会的召集准备等。可见,董事会秘书的工作性质与英美公司制度中的公司秘书十分类似。换句话说,董事会秘书主要承担一些高级管理人员不做的事物性、琐碎性工作,是为公司的高级管理人员服务的。

需要特别说明的是,不少公司的董事会秘书近年来从事务性工作人员的概念中摆脱出来而成为了公司的高级管理人员。董事会行使的是公司的日常管理权力,设立秘书岗位旨在促进董事会的正常运转并为董事服务,增进股东与公司的信息交流。此外,董事会秘书还应进行会议记录并保留好相关文件,以此作为评价董事的文字证明。

(三)经理

经理在行使权力时应以公司章程规定的程度为依据来对公司的日常经营与生产负责。如果缺少公司章程的相关规定又没有既成制度可以遵循时,应以《公司法》为标准来履行以下职责。

(1)负责公司基本规章制度的拟定。

(2)负责公司日常生产经营管理工作。

(3)负责公司副经理、财务负责人的聘任与解聘。

(4)负责公司内部管理机构的设置方案。

(5)负责公司投资议案与年度经营计划的实施。

(6)列席董事会会议。

(7)负责除董事会决定聘任或解聘的管理人员之外的其他管理人员的聘任与解聘。

(8)负责董事会决议的组织与实施。

(9)行使董事会授予的其他职权。

(四)监事会

1.监事会的组成

监事会成员由股东大会或股东会选举产生,人数最少为 3
人。监事可连选连任,每届任期为 3 年。公司的高级管理人员、
董事不得兼任监事。监事会中不仅应有股东代表,还应有不低于
三分之一的职工代表,具体比例应以公司章程为准。在一些规模
较小或股东人数较少的有限责任公司,可以不设立监事会而只设
1～2 名监事。

2.监事会会议程序

(1)监事会会议的召集和主持

股份有限公司由监事会主席负责监事会会议的召集与主持。
当股份有限公司的监事会主席不履行职务或不能履行职务时,召
集与主持监事会会议的职责由监事会副主席承担。当监事会副
主席不履行职务或不能履行职务时,应由半数以上监事共同推举
一名监事来负责召集与主持监事会会议。

有限责任公司由监事会主席负责监事会会议的召集与主持。
当有限责任公司的监事会主席不履行职务或不能履行职务时,应
由半数以上监事共同推举一名监事来负责召集与主持监事会
会议。

(2)监事会会议程序

股份有限公司应最少每 6 个月召开一次监事会会议,有限责
任公司应至少每年召开一次监事会会议。如果发生与证券法规
定的临时重大事件相类似的事件时,监事可提出召开临时监事会
会议的提议。

(3)监事会决议

公司章程应对监事会的表决程序与议事方式进行规定,且应
与《公司法》的规定相一致。每个监事拥有一票表决权,得到半数

以上表决权时,监事会决议方能通过。监事会所议事项应留有会议记录,会议记录应由全体出席会议的监事签名,以此作为判断监事是否履责的书面证明。

3.监事会的职权

监事会的职权主要是对公司高层管理人员进行监督检查,是否遵守公司章程与法律法规的相关规定以及是否履行董事义务是主要监查内容。监事会在进行监督检查时,应以《公司法》的相关规定以及公司章程为主要依据。具体来说,应重点对以下事项进行检查。

(1)提出召开临时股东会或股东大会的提议。如果董事会未能召集、主持股东会或股东大会,应由监事会负责股东大会、股东会的召集与主持。

(2)当发现公司高级管理人员、董事出现损害公司利益的行为时,向公司高级管理人员、董事提出予以纠正的要求。

(3)负责对公司高级管理人员、董事的职务行为的日常监督,如果发现有违反股东会决议、公司章程、行政法规、法律的情况,可提出对相关高级管理人员、董事的罢免建议。

(4)以《公司法》第152条的规定为依据向公司高级管理人员、董事提起诉讼。

(5)负责公司财务状况的合法性检查。

(6)向股东会会议提出提案。

(7)行使公司章程规定的其他职权。

4.监事的职权

(1)质询权

监事不仅有权对公司的日常管理、经营、生产及其他事务进行监督,还有权列席董事会会议。此外,如果监事对董事会的决议事项提出建议或质询,董事会及相关董事应给予及时、完全的回应。

（2）调查权

如果监事会发现公司的经营出现异常,有权利围绕相关情形展开调查。在不设立监事会的公司,监事也享有同样的权利。如果自行调查不足以查清事实真相,监事会或监事有权利聘请中介机构(如审计师事务所、注册会计师事务所等)协助调查,公司应承担由此产生的费用。

（3）监事的继续履职责任

如果由于任期内的监事提出辞职而使监事会成员数量低于法定人数,或者监事任期已满却没能及时进行改选,应及时进行改选,以保证监事会有效履行职责。在改选出的新监事到任前,应仍由原监事来继续履行监事职责。

二、公司合并与分立制度

（一）公司合并和分立的法律性质

1.公司合并

所谓公司合并,是指符合法定条件与程度的两家或两家以上的公司合并为一家公司,并由合并后的公司来承担合并各方公司的债权与债务。公司合并带来了公司主体的变更,变更后的债权债务关系由担保法、合同法、公司法等来共同调整。

一般来说,公司合并包括以下两种形式。

（1）新设合并

所谓新设合并,是指合并完成后,一家新的公司诞生,而参与合并的公司均丧失法人资格而成为新合并公司的一个分支机构。

（2）吸收合并

所谓吸收合并,是指由一家公司吞并其他公司,合并完成后只有吞并公司继续存在并保持法人资格,其他被吞并的公司丧失法人资格而成为新合并公司的一个分支机构。

2. 公司分立

所谓公司分立,是指符合法定条件的公司按照法定程序对债权债务进行处置之后分为两家或两家以上公司。

公司分立也包括两种形式。

(1) 新设分立

所谓新设分立,是指被分立的公司将其资产分至两家或两家以上公司,原公司消亡,并丧失法人资格。

(2) 既有分立

所谓既有分立,是指被分立的公司将其部分资产分至新成立的公司,原公司继续存在,并继续保持法人资格。

(二) 公司合并制度

1. 公司合并的原因

公司合并多是出于提高竞争力、扩大经营规模的考虑,因此当合作双方或多方都感觉在经营活动中需要相互依赖时,合并就发生了。需要注意的是,合并只发生在具有相同组织形态的公司之间,即股份公司只能与股份公司合并,有限公司只能与有限公司合并。

2. 公司合并的程序

(1) 公司决议通过

拟合并的各方公司先由董事会做出决议,报各自的股东大会或股东会审议通过后将合并决议对外公告。国有公司拟参与合并的,应按遵守相关规定的程度,报国有资产管理部门和上级主管部门批准。

(2) 签订合并协议

公司合并应签订合并协议,各合并方均应参与。合并协议中不仅应对各方的权利义务关系进行明确规定,还应确定公司债权债务的承担方与处理方式。

（3）编制合并财务报表

合并协议达成后，各合并方应各自编制合并前的财产清单与资产负债表，以此作为原股东权益的证明。然后，公司合并筹备办事机构应将各方报表进行汇总，并编制成合并后公司的总财产清单与总资产负债表，以此作为新公司登记和股东权益的法律证明。

（4）通知债权人

合并决议作出后，公司应在 10 日内对债权人进行通知，在 30 日内在报纸上进行公告。自接到通知书之日起 30 日内，未接到通知书的自公告之日起 45 日内，债权人可向公司提出提供担保或偿还债务的要求。

（5）公司合并的法律后果

公司合并后，新设立公司或存续的原公司应承担合并各方的债权债务，不得拒绝。为保障债权人的合法权益与交易安全，即使是各方在合并前的资产负债表中未记录的债务或合并协议中未记录的债务，新合并公司也不能拒绝。

（6）公司合并登记

作为资本的集合体，公司必须将公司章程、股权结构、股东名单、基本财产（包括工业产权、注册资本等）、经营地点、公司名称等信息在公司登记机关进行记载。如果公司合并带来上述登记事项的变更，合并后的公司应承担相应的登记义务。具体来说，新设立的公司应进行登记，解散的公司应办理注销，登记事项发生变更的应办理变更手续。

（三）公司分立制度

1. 公司分立的原因

一般来说，公司分立主要出于以下两种原因。

（1）事实上的原因

如果公司股东大会或股东会认为公司规模超出了股东合作的限度范围，或者超出了管理层的管理能力范围，且会影响公司的竞争力与盈利,可以做出分立公司的决定,即将公司一分为多或一分为二。

(2)法律上的原因

如果一家公司的规模过于巨大,并对市场竞争带来妨碍时,应进行公司分立,使其成为若干家规模较小的公司,从而维护有序的市场竞争。这一公司分立的原因来源于反不正当竞争法以及其他一些反垄断法的规定。

2.公司分立的程序

(1)公司决议

公司分立的决议应由董事会作出,经股东大会或股东会表决通过后方可进行。

(2)编制分立财务报表

做出公司分立的决议后,应成立一个专门的临时筹备办事机构来对公司分立前的财产清单、资产负债表等进行整理,以此作为原股东权益的证明。然后,公司分立筹备办事机构应将前述报表进行汇总并编制分立以后各公司的财产清单和资产负债表,以此作为新公司登记和股东权益的法律证明。

(3)通知债权人

自分立决议作出之日起,公司应于 10 日内向债权人进行通知,并于 30 日内在报纸上进行公告。此公告对债权人的诉讼时效不构成影响,即不会使债权人的诉讼时效提前消灭。假设债权人未看到公告,仍可以向分立后的公司提出债权要求。

(4)公司分立须维持最低注册资本

法律对公司分立设定了最低注册资本的限制。因此,在公司分立之后,新设公司与存续公司的注册资本都不能低于法律规定的最低限额。

(5)公司分立的法律后果

公司分立之后,分立前的公司财产由分立各方公司根据分立决议的规定来进行侵害。分立各方公司还应对公司在分立前与债权人达成的清偿协议负责。为有效保护债权人的利益以及交易安全,如果公司在分立之前未与债权人达成协议,则分立后的公司应对分立之前的债务承担连带偿还责任。

(6)公司分立登记

公司分立之后,新设立的公司应办理设立登记;解散的公司应办理注销登记;登记事项发生变更的,就办理变更登记。

第三节 一人有限责任公司

经济全球化的发展使经济主体的形式越来越灵活,一人有限责任公司就是一个典型的例子。本节就对其概念、特征、设立、组织机构以及法人资格等进行分析。

一、一人有限责任公司的概念与特征

(一)一人有限责任公司的概念

简单来说,所谓一人有限责任公司就是只有一个法人股东或者一个自然人股东的有限责任公司,简称“一人公司”。

随着市场经济的不断深入,一人公司应运而生。然而,从各国的立法情况来看,一人公司大都经历了一个从被禁止到获得承认的过程。我国新《公司法》于 2006 年 1 月 1 日起实施,它对一人有限责任公司的法律地位予以确认,并对其组织机构、设立条件、出资方式、注册资本额、财务审计以及法人资格等进行了具体规定。温州素有“中国个体私营经济发祥地”之称。2006 年 1 月 1 日,中国第一家一人有限责任公司在温州正式成立。

(二)一人有限责任公司的特征

一般来说,一人有限责任公司的特征主要表现为以下几个方面。

1.责任的有限性

一人公司的股东对公司债务承担有限责任时,以其出资为限。公司对债务独立承担责任时,以其全部资产为限。

2.股东的单一性

一人有限责任公司既可由一个自然人发起设立,也可通过股份转让的方式而造成一人持有全部股份的结果。无论是哪一种情况,公司在其成立或存续期间,股东仅为一人。有时,尽管从名义上或形式上来看,股东有两人或两人以上,但公司的真实股东只能是一个法人或一个自然人。

3.资本的单一性

无论从形式上还是实质上看,公司的全部财产都归单个股东所有,这就使股东成为唯一的投资者,这对于实现经济效率最大化以及最大限度地规避经营风险都大有裨益。

4.治理结构的特殊性

大部分公司都采取三会并立的治理结构,即股东会、董事会与监事会的三会并立。但是,由于一人有限责任公司中的股东与资本都具有单一性,这就决定了三会并立的结构在一人公司中是无须设立的。

二、一人有限责任公司的设立与组织机构

(一)一人有限责任公司的设立

根据我国《公司法》第57条第1款的规定,"一人有限责任公司的设立和组织机构,适用本节规定;本节没有规定的,适用本章第一节、第二节的规定"。因此,除法律另有规定以外,一人有限责任公司的设立应与一般的有限责任公司一致,具体应满足以下三个方面的要求。

1.章程

因为一人有限责任公司只有一个股东,所以公司章程由股东来制定。

2.股东

根据《公司法》的规定,一个自然人只能投资设立一家一人有限责任公司,而且该一人有限责任公司不能再投资设立新的一人有限责任公司。之所以作出这样的规定,是由于如果允许一个自然人投资设立若干家一人有限责任公司,则极易造成公司资产薄弱、偿债能力降低以及转移资产的情况。

3.特别要求

根据《公司法》的规定,一人有限责任公司在进行公司登记时,应注明法人独资或自然人独资。这一信息在公司营业执照中也应载明。之所以作出这样的规定,是为了使善意第三人能够清楚地了解公司股东的信息,从而保护其合法利益。

(二)一人有限责任公司的组织机构

根据《公司法》第61条的规定,"一人有限责任公司不设股东会。股东作出本法第38条第1款所列决定时,应当采用书面形式,并由股东签名后置备于公司"。为了使债权人的利益得到最大限度的保护,防止一人有限责任公司由于经营者与所有者不分而出现欺诈行为,《公司法》作出了上述规定。此外,一人有限责任公司的董事会与监事会的问题在《公司法》中没有规定。

三、一人有限责任公司的法人资格

根据《公司法》第63条的规定,"一人有限责任公司的股东不能证明公司财产独立于股东自己的财产的,应当对公司债务承担连带责任"。

一人有限责任公司所具有的股东单一性使其缺少一般有限

责任公司中股东间的相互制约,这就容易带来一些风险,如回避契约义务、欺诈债权人、以公司名义为与公司利益无关的事项提供担保或借贷、侵占公司财产以及非法转移、隐匿或挪用公司财产等。因此,《公司法》进行了上述规定。

第四节 公司法的案例应用研究

一、公司法案例应用研究(一)

(一)案例介绍

赵某为原告,周某与赵某某为被告。两被告为夫妻关系,原告赵某与被告赵某某为父子关系。某市大明包装印务有限公司(以下简称"印务公司")是在工商部门登记成立的正规公司,原告与被告等三人为记载的股东。公司注册资本为 120 万元,其中包括赵某的 70 万元现金以及两被告在山水湖印刷厂(以下简称"印刷厂")的设备价值各 25 万元。上述出资情况与验资报告记载完全一致。工商登记材料中所记载的股东均为上述三人。但是,印刷厂系赵某的个人独资企业,两被告对印刷厂并无财产权益。同时,印务公司自成立之日起既未给股东签发出资证明,也未向股东分配红利,但被告不仅参与公司的经营管理,还在若干份董事会决议上签字。

原告诉至人民法院,请求将两被告名下 42% 的股权归其所有。原告的理由是,印务公司是有限责任公司,根据法律规定应至少有两名股东,因此在申请成立时借用了两被告的名义,但两被告没有进行实际出资。

被告辩称,其系经国家登记机关确认的原始股东,审计报告与公司章程都对其投资额进行过确认。所投入设备系投入公司之前原告赠与。

法院审理后认为,被告的主张不予认定,因其未能提供相关证据。根据公司设立的登记文件以及公司章程,原告与被告等三人都是公司股东,但是从注册资本的来源来分析,两被告未向印务公司实际投入任何资本,因此双方有争议的 50 万元注册资本应认定为由原告所投入。

(二)案例分析

从理论上看,对公司股东资格进行认定时所采纳的证据可分为两类:形式要件与实质要件。所谓形式要件,是指为公众所认知的股东资格形式,包括公司发给股东的出资证明书或股票、公司登记机关的登记、股东名册的记载、公司章程的记载等。所谓实质要件,是指股东的实际出资、对股东权利的实际行使等。具体到本案,从形式要件来看,除出资证明书外,两被告具备了其他的形式要件;从实质要件来看,两被告对股东权利进行了实际的行使。但是,两被告并未进行实际的出资。在这样的情况下,其股东资格是否应得到确认就成为争论的焦点。

首先,尽管民事司法着力对当事人的真实意思进行探究,商法却严格遵循外观主义。在司法实践中,当内心真意与外观表示出现冲突时,外观主义在判断商事行为的效果时通常以法律事实或交易当事人的法律行为外观为标准。根据商法的外观主义,在股东名册、工商登记材料中出现的股东应认定其具有股东资格,这有利于加强对公司外部人的依赖利益的保护,也能有效禁止当事人反言。

其次,人合性是有限责任公司得以设立、存续的重要前提,也是其基本特征之一,而有限责任公司的人合性是通过股东之间的相互信任与承认来维系的。一般来说,如果当事人长期以来以股东身份来行使股东权利,就表明公司已在事实上承认了其股东身份,而其是否实际出资已对股东身份的认定不构成影响;如果将实际出资人认定为股东而否定其股东身份,不仅有可能对公司的人合性带来消极影响,还是对其他股东真实意思的违反。

二、公司法案例应用研究(二)

(一)案例介绍

常熟市瑞奥实业有限公司(以下简称"瑞奥公司")于 2002 年 1 月在工商部门登记成立,张小明与李大刚均系该公司股东,两人各占 50% 的股份。其中,张小明任公司总经理兼公司监事,李大刚任公司法定代表人及执行董事。根据瑞奥公司的章程,股东会的决议须经代表二分之一以上表决权的股东通过,但对修改公司章程、变更公司形式、解散、合并、公司减少或增加注册资本等事宜作出决议时,必须经代表三分之二以上表决权的股东通过。2006 年以来,张小明与李大刚渐渐出现矛盾。2002 年 5 月 9 日,张小明提议并通知召开股东会,结果会议未能召开,原因是李大刚认为张小明不具备召集会议的资格。2002 年 6 月 6 日、8 月 8 日、9 月 16 日、10 月 10 日、10 月 17 日,张小明委托律师分别向李大刚和瑞奥公司发函,称自己是享有公司股东会二分之一表决权的股东,但其股东权益受到严重侵害,故按照公司章程所规定的程度已表决并通过了解散瑞奥公司的决议,要求李大刚提供相关财册财务等资料,以便清算工作顺利开展。李大刚分别于 2002 年 6 月 17 日、9 月 7 日、10 月 13 日回函称,本人反对解散公司的决议,且张小明的股东会决议缺乏合法理由。此外,李大刚还向张小明提出上交公司财务资料的要求。2002 年 11 月 15 日、25 日,张小明再次向李大刚、瑞奥公司发函,要求对公司收入进行查阅、分配并将公司解散,同时要求李大刚与瑞奥公司提供公司财册财务。瑞奥公司自 2006 年 6 月 1 日起从未召开股东会。根据江苏常熟服装城管理委员会(以下简称"服装城管委员会")的证明,瑞奥公司仍处于经营状态。2009 年 12 月 15 日、16 日,服装城管委会调解委员会对双方进行两次调解,均未成功。

原告张小明诉至人民法院,请求解散瑞奥公司。原告的理由是瑞奥公司在经营管理中遇到重大困难且难以通过其他手段来解决,同时自身的权益也受到严重侵害。

被告李大刚及瑞奥公司辩称:瑞奥公司及其下属分公司不符合解散条件,且目前的经营状况良好。李大刚与张小明的矛盾与公司的存续是两个问题,应通过其他途径解决,而不应解散公司。

2009 年 12 月 8 日,江苏省苏州市中级人民法院判决驳回原告张小明的诉讼请求。张小明不服原判决并提起上诉。2010 年 10 月 19 日,江苏省高级人民法院判决撤销一审判决,依法改判解散瑞奥公司。

(二)案例分析

根据我国《公司法》第 183 条规定,"公司经营管理发生严重困难,继续存续会使股东利益受到重大损失,通过其他途径不能解决的,持有公司全部股东表决权百分之十以上的股东可以请求人民法院解散公司。"这条规定过于笼统,在司法实践中适用性较差,因此最高人民法院特出台了相关司法解释。《最高人民法院关于适用〈中华人民共和国公司法〉若干问题的规定(二)》(以下简称《公司法司法解释(二)》)规定,有下列情况之一的属于公司出现经营管理严重困难。

(1)公司董事长期冲突,且无法通过股东大会或者股东会来解决,公司经营管理发生严重困难的。

(2)股东表决时不能达到公司章程规定的比例或法定比例,持续两年以上不能做出有效的股东大会或者股东会决议,公司经营管理发生严重困难的。

(3)公司持续两年以上无法召开股东大会或者股东会,公司经营管理发生严重困难的。

需要注意的是,"经营管理发生其他严重困难,公司继续存续会使股东利益受到重大损失的情形"的兜底性条款得以保留,这就为法官的自由裁量权以及应对未来出现的新情况保留了必要空间。此外,《公司法司法解释(二)》对公司清算与公司解散的关系进行了确定,并对司法解散诉讼案件的管辖法院以及诉讼当事人的法律地位予以了明确规定。

尽管有上述司法解释,但关于"公司经营管理发生严重困难"

是否以公司经营亏损为必备条件的问题在实践中仍是见仁见智。本案中,服装城管委员会证明瑞奥公司仍然运转正常,这就使"经营因素"能否作为"公司经营管理困难"的判断要素之一成为本案的最大争议焦点。

由于张小明与李大刚互不配合,有效表决难以形成,致使瑞奥公司连续4年未召开股东会,股东会机制已完全瘫痪,执行董事李大刚无法贯彻股东会的决议,张小明也无法发挥监督作用。可见,瑞奥公司的内部机制已无法正常运行,这一状况并不会因为公司尚未处于亏损状况而发生改变。法院在判断"公司经营管理发生严重困难"时主要出于公司管理方面来考虑,而没有片面地将其等同于经营性困难。法院认为,瑞奥公司的内部管理已陷入僵局,虽仍处于正常经营状态,仍可以认定其经营管理发生严重困难。对于符合公司法及相关司法解释规定的其他条件的,人民法院可以依法判决公司解散。

第四章　证券法的理论与应用研究

证券与证券法在日常生活中十分常见,是经济生活中的重要财产与工具。本章就对证券法的理论与应用展开研究。

第一节　证券法的基本问题

一、证券

(一)证券的定义

证券,从一般意义上说,指的是"以特定的专用纸单或电子记录,借助于文字、图形或电子技术,记载并代表特定权力的书面凭证"。[1]

学者施天涛指出,"证券是一种具有一定的票面金额,代表股权、债权或受益索取权的凭证"。

概括来说,证券是持券人拥有某种特定权力的凭证,记载并代表着一定的民事权利。

(二)证券的性质

1.证券的物质载体

在证券的定义中提到,证券是一种"书面凭证"。但是需要注意的是,证券的性质决定了证券的这种书面凭证并不一定是独立的物质载体,证券的"书面凭证"性质并不是指证券必须以"纸"为载体。

---

[1] 范健,王建文.商法学(4版)[M].北京:法律出版社,2015:247.

（1）证券的物质载体为任何可用文字记载民事权利并具有可读性的物质载体。

（2）证券并不一定是独立的物质载体，只要具有区分特定民事权利及其持有者的集中记账式凭证也可以是证券的物质载体。

2.证券的法律性

证券具有鲜明的法律性，是代表着民事权利的书面凭证。需要指出的是，证券代表民事权利的前提是该民事权利的存在，因此证券还带有证书的功能。也就是说，证券既能证明民事权利也能代表民事权利。

（三）证券的特点

证券的特点主要表现在以下几个方面。

1.证券是持券人拥有特定民事权利的书面凭证

证券人持有证券，便意味着其拥有证券权利。这就是说，持券人拥有证券本身以及证券上记载的权利，是持券人特定民事权利的书面凭证。

2.证券是一种要式凭证

证券是持券人民事权利的书面证明，因此需要受到法律的约束。这种约束表现在证券不仅要在内容上符合相关法律，同时在形式上也要符合法律的规定。

证券要采取书面形式；证券要记载必要的事项；证券要有发行人或义务人的签章。

我国法律明文规定，公司证券需要载明的主要事项包括以下几个方面：公司名称、公司成立日期、股票种类、票面金额及其代表的股份数、股票的编号、股票应由法定代表人签名和公司盖章。

3.证券是能够代表特定民事权利的权利凭证

证券能够代表特定民事权利，主要表现为持有证券就能够拥有证券上所记载的权利,也就是说,想要拥有证券上记载的权利,需要拥有证券。转移证券的行为就是转移权利的行为。

4.证券是一种流通凭证

证券带有自由流转的特点,是一种流通凭证。由于证券和民事权利相结合,因此证券转移代表着特定民事权利的转移。

这种流通是在法律约束下的流通,其转让不受义务人同意的限制。证券的流通提升了证券的效用。

(四)证券的分类

根据不同的标准,证券可以有不同的分类形式。

1.根据证券和其所记载的权利之间的联系程度进行划分

根据证券和其所记载的权利之间的联系程度进行划分,可以将证券分成金券、资格证券、有价证券。

金券指的是为一定目的而使用的、标明一定金额的证券形式。金券的主要特点是其上记载的权利和证券本身密不可分。这就是说,当有人需要使用金券时,需要持有金券,如果丧失金券,没有任何方式进行补救。金券的典型代表是邮票。

资格证券指的是能够证明持券人有一定民事权利资格的证券。这种证券的特点是持有人在行使证券权利时需要持有证券,但是也可以通过一定的方式证明自己的权利。资格证券行使权利时并不一定需要持有证券本身。资格证券的种类主要包括飞机票、船票、车票、入场券、银行存折、信用卡、取款卡、存物证。

有价证券指的是表明一定财产价值民事权利的证券,权利和政权载体本身也带有不可分割性。常见的有价证券包括本票、支票、汇票、可转让存单、提单、仓单、股票、政府债券、金融债券、公司债券、企业债券。

2.根据权利存在与否以作成证券为必要进行划分

根据权利存在与否以作成证券为必要可以将证券分为设权

证券和有价证券。

设权证券指的是证券上所记载的权利是证券发生和存在的必要前提。设权证券作成之前，其权利无法发生。也就是说，设权证券是在创设一个权利，而不是表示或证明既已存在的权利。[①]设权证券常见的包括汇票、支票、本票。

有价证券指的是能够证明证券作成以前就已存在或发生的权利的有价证券。[②] 常见的有价证券有股票和债券等。

3.根据证券上记载的民事权利的客体进行划分

根据证券上记载的民事权利的客体可以将证券分为商品证券和价值证券。

商品证券指的是政权上权利的客体为一定数量的商品。一般来说，商品证券的特点包括以下几种。

(1)商品证券上权利的客体为实物形态的财产。

(2)商品证券上权利客体的实物是用来交易的物品。

(3)商品证券能够记载并且代表一定物品的所有权。

价值证券指的是证券上的权利客体为一定数量的货币或以一定数量的货币表现的财产权利的真证券。

4.根据价值证券的作用进行划分

根据价值证券的作用可以将证券分为货币证券和投资证券两个类型。

货币证券指的是在商品交易过程中能够用来替代货币作为支付工具的有价证券。

投资证券指的是证券权利可以取得资本性收益，从而用来作为投资工具的有价证券。

5.根据证券人是否记载权利人的姓名或名称进行划分

根据证券人是否记载权利人的姓名或名称可以将证券分为

---

① 王保树.商法(2版)[M].北京:北京大学出版社,2014:285.
② 同上。

记名证券和无记名证券两类。

记名证券,顾名思义,是指在证券上记载了权利人的姓名或名称的有价证券。例如,记名债券、记名票据、记名股票。

无记名证券指的是证券上不记载权利人姓名和名称的证券。例如,无记名股票、无记名债券、无记名票据。

(五)证券的作用

证券自古有之,是人们民事权利的代表物,对于保证交易的安全以及提高交际的效率都有着重要的影响。具体来说,证券的作用包括经济作用和法律作用两个方面。

1.证券的经济作用

证券的经济作用主要体现在以下几个方面。

(1)证券有助于集聚社会资金,支持大规模的经济建设。

(2)证券有助于资金的周转,从而合理调整社会资金的流动方向。

(3)证券有助于提升资金的管理使用效率,促进经济发展的良性循环。[①]

(4)证券有助于提升人民的生活水平,提高经济交往的便捷性。

(5)证券有利于信用制度的健全。

(6)证券有助于我国对外开放事业的发展。

2.证券的法律作用

证券的法律作用主要表现在以下几个方面。

(1)证券能够明确权利。证券能够明确持券人的民事权利,从而将具体的权利内容标准化。

(2)证券权力转让十分便捷,只要按照法律程序转让即可,从而促进了资本与商品的流通。

---

① 王保树.商法(2版)[M].北京:北京大学出版社,2014:289.

（3）证券可以实现权利的简约化。持券人拥有证券便意味着拥有证券上的权力，因此促进了权力的简约化。

二、证券法

证券法是用来调整因为证券的发行、交易、监管过程而产生的不同社会关系的法律规范，是商法的重要组成部分。需要注意的是，证券法所调整的社会关系具有商事关系的性质，因而证券法应当属于商事法。[①]

（一）证券法的特点

证券法的特点主要表现在以下几个方面。

（1）证券法由于其调整的社会关系是社会平等主体的财产关系，因此属于私法的范畴。但是证券法中也包含着多种公法的因素。

（2）证券法是规定市场行为的法律。

（3）证券法中既有实体法规范，同时也包含着程序法规范。

（二）证券法的原则

证券法的原则是为了保证证券法任务的实现，对证券市场参与者与监管者进行规范。具体来说，证券法的原则包括以下几个方面。

1.公开原则

证券法的公开原则是其核心原则，主要指的是信息公开制度。具体来说，公开原则要求证券发行者在证券发行前或发行后根据法定的要求和程序向证券监督管理机构和政权投资者提供规定的能够影响证券价格的信息资料。[②]

在公开原则的带动下，投资者可以对市场进行判断。证券和

---

① 叶林.中国证券法[M].北京:中国审计出版社,1999:59.
② 范健.商法(4 版)[M].北京:高等教育出版社,2011:238.

一般的实物商品有所区别,当投资者不了解其发行者的具体信息时,是无法判断证券的真实价值的。

对于证券发行者来说,如果没有公开原则的约束,就有可能出现投机、行骗、欺诈等行为。因此,从根本上说,公开原则是为了保护投资者的利益,完善证券投资环境,保持证券市场的稳定而制定的。具体来说,公开原则要求企业进行信息公开,需要做到信息真实、信息全面、信息及时、信息易得、信息易解。

2.公平原则

证券法的公平原则指的是证券市场主体应该在活动中保持公平合理,找到参与者各方的权力与利益。这种公平性能够保证证券主体都有平等的投资机会,从而有利于健康证券环境的营造。具体来说,公平原则的含义包括以下几个方面。

(1)证券商事关系主体参加证券市场活动的机会均等。

(2)证券商事关系主体在权力与义务上的对等。

(3)证券商事关系主体承担责任上的对等。

(4)证券商事关系的处理者,如仲裁人员、司法人员应该公平进行处理。

公平原则下商事关系的主体应该做到以下几个方面。

(1)商事活动地位平等。

(2)商事活动自愿。

(3)商事活动等价有偿。

(4)商事活动诚实守信。

3.公正原则

证券法的公正原则指的是其在立法与具体实施过程中,尤其是在证券市场的监管中,应该做到公正,从而及时处理证券市场中的违法犯罪活动,保证投资者的合法权益。

公正原则要求证券监管机构及其从业人员要做到反欺诈、反操纵、反内幕交易。

4.保护原则

证券法的保护原则也是证券法的基本原则之一,主要是对投资者权益的保护。具体来说,这种保护体现在以下几个方面。

(1)为投资者创造公平、安全、有效率的投资市场环境。

(2)为投资者制定和实施一定的证券法律制度。

证券市场中投资者的地位决定着保护其权益是证券法的首要原则。这是因为投资者不仅负责证券市场的资金投入,同时其风险也要由投资者承担。只有保护投资者的合法权利,才能提高投资者的投资信息,保证证券市场健康有序的发展。

5.诚信原则

证券法的诚信原则是对社会关系进行道德调整和法律调整的统一。[①]

具体来说,这种统一是法律所追求的价值目标,同时也是法律实施的基本准则。在证券市场中贯彻诚信原则十分有必要,因此证券市场的运作对诚信要求较一般商品市场要高。加之证券市场带有高收益和高风险,因此其市场信息瞬息万变。在巨大利益的驱使下,很多不法分子会在证券市场进行欺诈行为,从而影响市场的健康发展。

贯彻诚实信用原则需要证券商事主体要公平守信,禁止做影响证券交易的行为。

第二节 证券发行制度研究

在证券市场中,证券发行是极为重要的活动,可以说是证券市场运行的基础。本节对证券发行的制度展开分析与论述。

---

① 王保树.商法(2版)[M].北京:北京大学出版社,2014:296.

一、证券发行概述

了解证券发行的制度,首先需要从证券发行说起。

(一)证券发行的概念

证券发行,指的是证券发行者为了筹集资金或调整股权结构,在法律的规定下以统一条件向投资者募集资金并出售证券的一系列行为。

这种定义是从广义的角度进行概述的,包括了证券发行的以下几个过程:证券募集、证券分派、缴纳资金、交付证券。

从狭义的角度对证券的概念进行界定,可以将其阐述为"证券发行人在募集证券后,制作并交付证券或以账簿划拨方式交付证券的行为"。[①]

需要特别明示的是证券发行的法律性,其需要受到法律的规范。

(1)证券发行需要受到公司法、合同法、证券法的规范。

(2)证券发行过程中,投资者和发行人之间需要在资源的基础上建立合同关系。

(3)证券发行时要有一系列的核准程度。

(二)证券发行的特点

证券发行的特点主要包括以下几个方面。

1.证券发行主体必须具备一定的资格

证券发行者指的是以自己的名义向投资者募捐资金并发售证券的主体。发行主体进行证券发行主要可以通过以下两个途径。

---

① 范健,王建文.商法学(4版)[M].北京:法律出版社,2015:258.

（1）以自己的名义直接发行。

（2）委托证券公司发行。

需要指出的是，证券发行主体必须具备一定的资格。例如，公司债券的发行人，限于股份有限公司、国有独资公司和两个以上的国有企业或者其他两个以上的国有投资主体投资设立的有限责任公司。[①]

对证券发行主体资格的限定，是为了保护投资者的权益，从而建立良好的筹资与投资环境，营造健康的证券市场。

2.证券发行过程带有程序性

证券发行的过程带有程序性，需要按照法律的规定进行申请审核、信息公开、发行实施。例如，发行股票需要向国务院证券监督管理机构进行申报核准。这种程序性的提出也是为了保护投资者的权力，并稳定证券市场的秩序，促进证券发行的合法性与有效性。

3.证券发行条件须确定同一

证券发行条件须确定同一指的是证券发行人应当对所有的投资者实行同一发行条件，具体包括同一发行价格、同一发行方式、同一发行期限。

（三）证券发行的种类

证券发行根据不同的标准有着不同的分类形式，常见的主要包括以下几种。

（1）根据发行证券种类的不同，可以将证券分为股票发行、证券发行、基金券发行。

（2）根据发行主体的不同，可以将证券分为公司发行、金融机构发行、政府发行。

（3）根据发行对象范围的不同，可以将证券分为公募发行、私

---

① 王保树.商法(2 版)[M].北京:北京大学出版社,2014:299.

募发行。公募指的是公开发行,主要表现为发行者向不特定的社会公众广泛出售证券的行为。私募发行也就是非公开发行,具体指的是面向少数特定的投资者发行证券的行为。

(4)根据发行目的的不同,可以将证券分为设立发行、增资发行。设立发行主要是通过发起设立发行和募集设立发行两个方法进行的。发起设立发行也就是全体发起人认购首期发行股份总额的全部,募集设立发行指的是部分股份由发起人认购,其余招募社会公众认购。增资发行也包括两种方式,分别为有偿增资发行和无偿增资发行。

(5)根据证券发行时间的不同,可以将证券分为初次发行、再次发行。

(6)根据发行是否借助证券中介机构的不同,可以将证券分为直接发行、间接发行。直接发行指的是证券发行人自己承担发行风险进行的证券发行。这种发行方式费用比较低廉,但是对发行者的经营业绩有一定的要求。间接发行则是通过委托证券承销机构进行的证券发行。

(7)根据发行价格与证券票面金额或贴现金额的关系,可以将证券分为平价发行、溢价发行、折价发行。平价发行,指的是证券发行价格和票面金额相同的发行。溢价发行,指的是证券发行的价格要高于票面金额的发行。折价发行,指的是票面发行价格低于票面金额的发行。

(8)根据发行条件之确定方式不同,可以将证券分为议价发行、招标发行。

(9)根据发行地点的不同,可以将证券分为国内发行、国外发行。国内证券的发行,如国库券、保值公债、人民币普通股的发行等。国外发行如B股以及外国证券的发行等。

(四)证券发行的程序

证券发行的程序主要包括证券发行准备阶段、证券发行申请审核阶段、证券发行实施阶段。下面就对这三个阶段的具体程序进行总结与分析。

1.证券发行准备阶段

证券发行准备阶段是后续阶段实施的前提,主要包括以下几个步骤。

(1)做出决议

做出决议指的是按照法律或者一定的章程,对证券发行事宜做出决议。不同的证券种类在决议制订过程中也不尽相同。例如,股份公司募集设立时,需要由发起人制订决议。股份有限公司发行新股,需要董事会制订方案,然后由股东大会决议。

(2)准备文件

准备文件指的是证券发行人按照证券法、公司法、国务院证券监管机构或国务院授权部门的规定,制作有关证券发行的各种文件。[①]证券发行的文件必须真实、准确,达到不同证券发行机构的要求。

(3)选择承销商

根据我国《证券法》的相关规定,发行人证券发行需要由证券公司承销的,应该同证券公司签订承销协议。需要注意的是,证券承销商需要选择带有承销业务资格的公司,并通过承销协议明确双方的权利义务关系。

(4)聘请保荐人

聘请保荐人主要发生在以下几种情况中。

第一,发行人申请公开发行股票。

第二,可转换为股票的公司债券。

第三,依法采取承销方式。

第四,公开发行法律、行政法规规定实行保荐制度的其他证券。

保荐人应该按照国家规定和业务规范来严格要求自己,对发行人的文件、信息进行仔细核查,监督发行人的证券运作程序。

---

① 王保树.商法(2版)[M].北京:北京大学出版社,2014:304.

2.证券发行申请审核阶段

证券发行申请审核根据证券不同的种类对审核部门也有不同的要求。具体来说,主要包括股票发行的申请与核准以及公司债券发行的申请与审批。

(1)股票发行的申请与核准需要在法律的规定下,向国务院证券监督管理机构报送募股申请。

(2)公司债券发行时需要满足一定的条件,同时还需要经由国务院授权的部门对其发行进行申请与核准。

当国务院证券监管机构或国务院授权的部门在证券审核阶段,发现发行过程存在不符合法定条件和程序的,会进行核准撤销。撤销主要包括两种情况。

(1)尚未发行的证券,应该撤销发行核准决定,并停止发行证券。

(2)已经发行但是未上市的证券,应该由相关部门撤销核准决定,发行人应该收回已发行的证券,按照发行价加上银行同期存款利益,将款项返还证券持有人。

3.证券发行实施阶段

证券发行实施阶段主要包括以下几个方面。

(1)发行信息公开。证券的发行,应该按照有关规定,对证券相关信息进行公开。这种公开主要以公务招股说明书和公司债券募集办法的形式进行,同时证券发行人还需要将这些信息形成文件供公众查阅。

需要注意的是,证券信息公开之前知情人不能透露信息,同时发行人也不能在信息发布前发行证券。

(2)证券已经批准,并公开了发行信息后,发行人便可以进行证券的发行。一般来说,我国证券市场证券发行的方法主要包括以下几种。

上网定价发行。这种发行方式指的是承销商利用证券交易所的交易系统,由主承销商作为唯一卖方,投资人在指定时间内,按现行委托买卖股票进行股票申购。

全额预缴款发行。这种方式指的是投资者在不定期的申购时间内，将全部申购存入主承销商在收款银行设立的专户中，申购结束后转冻结银行专户进行冻结。在对到账资金进行验资和确定有效申购后，根据发行额和申购总额清算配售比例，进行股票配售，余款返还给投资者的股票发行方式。

与储蓄存储挂钩发行。这种方式是指在规定期限内无限量发售专项定期定额存单，根据存单发售数量、批准发行股票数量及每张中签存单可认购股份数量的多少确定中签率，通过公开摇号抽签方式决定中签者，中签者按规定要求办理缴款手续的新股发行方式。

二、证券发行制度

（一）证券发行保荐制度

证券发行保荐制度，指的是证券发行人申请证券上市交易，需要聘请保荐人为其出具保荐意见，证明其发行信息的真实、完整、准确。

证券发行保荐制度需要发行人和保荐人共同承担风险。这种制度的出现是为了充分利用中介机构的地位、声誉、职业水平，从而提升证券发行的质量，营造良好的证券市场。

证券发行保荐制度主要适用于以下两种情况。

（1）公开发行股票。

（2）公开发行法律、行政法规规定实行保荐制度的其他证券形式。

（二）证券发行注册制度

证券发行注册制度指的是法律不限定证券发行的实质条件，发行人只要依法公开相关信息，并向监管机构进行申报注册即可发行的证券。

证券发行注册制度主要是为了进行形式管理，对证券市场和投资者的素质有着较高的要求,其特点主要包括以下几个方面。

（1）证券发行人需要依法公开信息。

（2）注册制对证券发行人不作形式上的限制,赋予证券发行人同等的筹资机会,从而体现出了市场主体平等的筹资机会。

（3）注册制下的证券的发行价值与投资价值,需要投资者进行自主判断,体现出了市场配置资源的特点。

（4）证券发行注册制度能够降低证券市场的管理成本和交易成本。

（三）证券发行审核制度

证券发行审核指的是按照法律规定的证券发行条件,发行人将发行的相关文件向证券监管部门申报,当申报被确认,发行人才可以公开发行证券。

与证券发行注册制度相比,证券发行审核制度是在信息公开的基础上增加了发行实质条件的限定。通过证券发行审核制度有利于证券发行信息的公开,同时由于对发行实质条件的限定,因此在一定程度上降低了投资者的投资风险。

但是从相反的层面看,发行实质条件并不能和证券的投资价值等值,因此有可能会限制新兴行业的发展。加之发行条件是随着经营状况不断变化的,因此审核时的条件也不能永远保证证券的现实价值。有些投资者盲目相信审批制度,因此弱化了自身的风险意识,不利于证券投资者投资理性的提高。

（四）证券发行审批制度

证券发行审批制度指的是发行人按照法律规定证券发行的实质条件,向相关证券主管机关申报,然后证券主管机关根据法律规定以及内部所掌握的政策与计划,决定发行人是否可以发行证券。

证券发行审批制度在证券市场发展初期能够起到规范市场的作用,有利于良好的证券市场秩序的建立。但是随着我国证券市场的发展,这种制度已经彻底取消。

第三节　证券交易制度研究

证券交易指的是证券在依法发行之后,持券人进行的证券转让行为。下面对证券交易制度进行研究。

一、证券交易的意义

证券交易中的投资者处于相互购买或变现已经持有的证券的资本交换关系中,证券的价格会根据证券市场行情的变化而变化,投资者需要对证券价值进行判断,是一种证券市场的持续交易行为。

在进行证券交易过程中,应该秉承着合法原则、限制交易原则、法定场所交易原则和法定交易方式原则,[①]从而保证交易的顺利进行。

证券交易带有十分重要的经济意义,主要体现在以下几个方面。

(1)证券交易是获得经济效益的重要方式。

(2)证券交易是一种变现行为,也是一种投资转移行为。

(3)通过反复交易证券,能够形成证券的市场价格,从而促进投资者转移投资。

(4)证券交易活动体现出了证券市场的资源配置功能。

(5)证券交易能够在一定程度上体现出国民经济的运行情况,是国家经济政策制定的重要依据。

二、证券交易的方式

(一)集中竞价

集中竞价主要包括集合竞价和连续竞价两种方式。

---

① 王卫国.商法(2版)[M].北京:中央广播电视大学出版社,2008:284.

1.集合竞价

集合竞价对所有有效委托进行集中处理,主要是对同一段时间内接受的买卖申报一次性集中撮合的竞价方式。[①] 集合竞价又可以分为开盘集合竞价与收盘集合竞价两种类型。

2.连续竞价

连续竞价指的是对买卖申报逐笔连续撮合的竞价方式,开盘集合竞价期间没有成交的买卖申报,会自动进入连续竞价的模式。连续竞价期间没有成交的买卖申报,会自动进入收盘集合竞价。

(二)协议转让

协议转让指的是一种协商交易和私下谈判交易。采用这种转让方式的证券交易一般不借助证券集中竞价交易系统。

(三)大宗交易

大宗交易指的是证券单笔买卖申报达到交易所规定的数额规模时所通常采用的交易方式。

大宗交易往往以协商一致作为交易达成的手段,一般不按照价格优先、时间有限的方式进行。

(四)回购交易

回购交易指的证券买卖双方在买卖成交同时,约定时间、价格在未来的某一天进行反向成交的交易方式。

这种交易方式是以证券作为质物进行的资金融通业务,在回购交易时一般不用申报账号,同时成交后的资金结算和债券管理均直接在证券经营机构申报席位的自营账户内自动进行。

[①] 范健,王建文.商法学(4版)[M].北京:法律出版社,2015:275.

（五）做市商制度

做市商制度指的是在证券市场上,以具备一定实力和信誉的证券经营法人为特许交易商,不断地向投资者报出特定证券的买卖价格,双向报价并在该价位上接受投资者的买卖要求,以其自有资金和证券与投资者进行证券交易,而投资者的买卖请求并不直接配对成交。[①]

三、证券交易的程序

证券交易的程序主要包括开户、委托、成交、清算交收几个阶段。

（一）开户

由于我国目前的证券交易采取的是会员制,因此想要进行证券交易必须委托作为证券交易所会员的证券公司代为买卖。证券公司办理经济业务,为客户开立证券账户与资金账户。

当投资者开立账户之后便成为了证券公司的客户。从事证券经纪业务,证券公司需要和投资者签订证券受托买卖协议,主要包括以下几个方面的内容。

（1）遵守国家有关法律、法规及交易业务规则的承诺。

（2）投资者表明投资公司已经向其说明了证券买卖的风险。

（3）协议中应该包括证券公司所代理的业务范围与权限。

（4）客户开户所需要证件及其有效性的确认方式和程序。

（5）委托、交割的方式、内容、要求。

（6）客户保证金及证券管理有关事项。

（7）交易手续费、印花税及其他收费说明。

（8）会员对客户委托事项的保密责任。

（9）客户应履行的交收责任。

（10）违约责任及免责条款。

---

① 范健,王建文.商法学(4版)[M].北京:法律出版社,2015:276.

(11)争议解决办法。

(二)委托

委托指的是投资者在开户后,决定买卖证券,从而委托其开户的证券公司代其买卖证券。一般来说,委托的方式包括以下几种:当面委托、电话证券、电报委托、传真委托、信函委托、电脑终端自助委托。

委托就是一种证券买卖指令,其内容主要包括以下几种。

(1)证券的名称。

(2)证券买进或卖出的数量。

(3)出价方式与价格幅度。

(4)委托的有效期限。

(三)成交

证券成交主要包括以下几个标准。

(1)价格优先。在证券买进过程中,出价高者优先成交。在证券卖出过程中,以出价较低者优先成交。

(2)时间优先。当证券买卖过程中出价相同时,先出价的会优先成交。

(四)清算交收

清算交收指的是买卖成交后,证券买卖双方对其交易结果进行清算,卖方交付证券,买方交付资金。

四、证券交易的制度

证券交易的制度主要包括证券上市制度以及信息披露制度,下面分别进行分析。

(一)证券上市制度

证券上市指的是经由证券交易所审核,公开发行的证券在证券交易所挂牌交易。

一般来说,证券上市主要包括股票上市和公司债券上市。证券上市表明公开发行的证券进入集中交际市场,能够为证券发行者带来更多的投资,同时也有利于提高企业的知名度,对于社会的监督也有一定的提高效果。对于投资者来说,证券上市提高了证券的流通性与变现性,有利于投资利益的实现,也便于投资者对证券市场不同证券的选择。

证券上市需要具备一定的上市条件。上市条件的出现有利于证券交易所对上市公司的选择,同时也有利于公开发行股票公司提高经营水平和经营状况。具体来说,证券上市的条件包括以下几种。

(1)股票经国务院证券监管机构核准并已经公开发行。

(2)公司的股本总额不少于人民币 3 000 万元。

(3)公开发行的股份达到公司股份总额的 25% 以上(公司股本总额超过人民币 4 亿元的,公开发行的股份比例为 10%)。

(4)近三年内,公司没有重大违法行为,财务会计报告没有虚假记录。

证券上市的程序主要包括以下几种。

(1)证券发行人向证券交易所提出上市申请。

(2)订立上市协议。

(3)发布上市公告。

(4)进行上市交易。

在证券上市交易之后,如果触犯了相关规定,则可能出现证券上市暂停和上市终止的情况。

(1)证券上市暂停包括股票上市暂停和公司债券上市暂停。其中股票上市暂停的事由包括以下几个方面。

公司股本总额、股份分布等发生变化并且不再具备上市条件。

公司财务出现虚假记录,未按照规定公开财务状况。

公司存在重大违法行为。

公司最近连续三年出现亏损。

证券交易所上市规则规定的其他情形。

公司债券上市暂停的事由包括以下几个方面。

公司出现重大违法行为。

公司发生变化不再符合上市条件。

公司债券使用用途未按核准方面进行。

没有按照公司债券募集办法履行相应的义务。

公司最近连续两年出现亏损。

(2)上市终止指的是证券交易所决定终止该发行人上市证券的交易。股票上市终止的事由包括以下几个方面。

公司股本总额、股权分布不再具备上市条件。

公司股本总额、股权分布在证券交易所规定的期限内仍不能达到上市条件。

公司未按要求公开财务状况,或财务会计报告出现虚假记载,并拒绝修正。

公司最近连续三年出现亏损,且最后一个年度内未能恢复盈利。

公司解散或被宣布破产。

证券交易所上市规则规定的其他情形。

公司证券上市终止的事由包括以下几个方面。

公司出现重大违法行为。

公司未按照债券募集办法履行义务,经查实后果严重。

公司发生重大变化不再符合公司债券上市条件。

公司连续两年亏损,在限期内未消除。

公司宣告解散或破产。

(二)信息披露制度

信息披露制度主要针对的是信息的公开,指的是公开发行证券的公司在证券发行与交易的不同环节,依法披露有关信息,从而作为投资者进行证券交易的依据。

在现代证券市场中,对公开发行证券的公司进行信息披露是一种核心制度,有利于证券市场发行、流通的健康发展,体现出了证券法公开的原则,是证券市场的灵魂。

1.信息披露制度的分类

信息披露制度根据不同的分类标准有着不同的分类形式。

（1）按照信息披露时间与目的的不同，可以将信息披露分为以下两种。

发行信息披露，这种披露方式主要针对证券发行过程进行信息的公开与监督。

持续信息披露，针对的是证券进入交易所上市交易后，证券发行人依法向社会投资者披露对投资者决策有重大影响的信息。

持续信息披露是发行信息披露的继续，二者相互联系又彼此独立，都需要遵循信息公司的基本要求。

（2）按照披露内容的不同，可以将信息披露制度分为描述性信息披露、评价性信息披露、预测性信息披露。

此外，信息披露还可以按照不同的分类标准进行，如信息披露主体及证券的不同、信息披露是否是强制性规定、信息披露文件的名称和记载事项。

2.信息披露制度的作用

信息披露是信息市场的基石，其作用主要表现在以下几个方面。

（1）信息披露有利于证券市场上发行与交易价格的合理形成。

（2）信息披露有利于维护广大投资者的利益。

（3）信息披露有利于促进证券发行公司改善经营管理。

（4）信息披露有利于证券监管。

3.信息披露制度的要求

信息披露制度的基本要求主要包括以下几个方面。

（1）真实性

信息披露制度的真实性是最根本、最重要的要求，体现了信息披露对投资者权利的维护，是信息披露制度发挥其功能的根本前提。

信息披露要求所披露的信息必须带有客观性、一致性与规范性,不能存在虚假陈述,应该以客观事实作为投资信息。为了提升信息披露的真实性要求,不同国家纷纷以法律强制性作为信息披露的保证。在证券市场中,强制性的信息披露制度主要指的是证券监管机构对证券发行进行的资料审核以及发现不真实信息进行的法律责任制度。

(2)准确性

信息披露制度要求信息披露人需要使用精确的表达方式表明其信息含义,不能存在误导性的陈述方式,也就是说信息披露过程中不能存在多解性的言辞与非显见性的表达。

(3)完整性

信息披露的完整性要求所有可能影响证券投资者投资行为的信息都能够进行披露,并且信息要全面、完整,不能有所侧重,或者存在故意隐瞒或遗漏的行为。

需要注意的是,信息披露的完整性不代表需要事无巨细地披露所有商业信息,一些法定的信息可以不予披露或者保密性披露。

(4)及时性

信息披露的及时性指的是证券发行人需要在合理的时间内迅速披露应该公开的信息,不能存在延迟的现象。

这种信息披露的及时性带有持续性,应该保证投资者获得及时、最新的投资信息。

4.信息披露制度的方式

信息披露的方式主要包括定期报告和临时报告两种。

(1)定期报告

定期报告指的是上市公司和公司债券上市交易公司在法定期限内对公司文件进行制作并公布的方式。

具体来说,定期报告又可以分为年度报告、半年度报告、季度报告。

（2）临时报告

临时报告是主要针对重大事件进行的报告。其中,重大事件主要指的是对上市公司股票交易价格影响较大的事件,如果投资者不了解这些事件可能会对自身投资有重要影响。

第四节 证券中介机构制度研究

证券中介机构主要包括证券交易所、证券公司、证券登记结算机构、证券服务机构几种类型,下面分别展开分析。

一、证券交易所

(一)证券交易所概述

1.证券交易所的概念

证券交易所指的是为证券集中交易提供场所和设施,组织和监督证券交易,实行自律管理的法人。

证券交易所带有特殊性,其既属于证券自律监管机构,同时也是为证券交易提供中介服务的机构。

2.证券交易所的类型

证券交易所按照交易所的出资者构成与治理结构主要可以分为会员制与公司制两种。

会员制证券交易所指的是出资者、使用人、控制人全为会员的非营利性社会法人的证券交易所。

公司制证券交易所的特点主要包括以盈利为目的、股东出资设立、分散股东控制、采取公司组织形式。

3.证券交易所的设立

证券交易所的设立需要符合国家的相关规定,具体包括以下几个方面:有自己的名称、有自己的章程、有一定数量的会员或资本金、有自己的组织机构。

(二)证券交易所的机构

由于会员制与公司制证券交易所的组织机构不尽相同,下面仅对会员制证券交易所进行分析。一般来说,会员制证券交易所的机构主要包括会员大会、理事会、总经理及其他人员。

(三)证券交易所的职权

证券交易所主要行使监管职权,包括依法制定业务规则、对证券交易的监管、对证券公司的监管、对证券发行人的监管。

(1)证券交易所的业务规则主要包括上市规则、交易规则、会员管理规则、其他与证券交易活动有关的规则。

(2)对证券交易的监管主要包括对证券交易实行实时监控、公开证券交易信息、停牌和临时停市、限制交易。

(3)对证券公司的监管主要包括以下几个方面。

交易席位的监管规则。

证券自营业务监管规则。

证券经纪业务监管规则。

对会员进行抽样或者全面检查。

(4)对证券发行人的监管主要包括对上市公司及相关信息进行披露信息监管。

(四)对证券交易所的监管

证券交易所除了履行自身的监管职责,也需要受到一定的监管。《证券法》中规定的对证券交易所的监管主要包括:不得分配公有基金、设立风险基金、从业人员回避业务、依法处理证券交易义务、报告与报批义务。

二、证券公司

(一)证券公司概述

证券公司的概念主要包括以下几个要点。

(1)符合公司法和证券法相关规定的设立条件。

(2)经过证券公司监管机构批准。

(3)公司登记机关登记。

(4)经营证券业务。

(5)为有限责任公司或股份有限公司。

证券公司的主要经营业务包括以下几个方面。

(1)证券经纪业务。这个业务指的是证券公司通过其设立的证券营业部,接受客户委托,按照客户的要求,代理客户买卖证券并收取佣金作为报酬的业务。

(2)证券投资咨询业务。这个业务指的是证券监管机构颁发的相关资格的机构及其咨询人员为证券投资者提供相关咨询业务并收取服务费用。

(3)与证券交易、证券投资活动有关的财务顾问业务。这个业务指的是相关机构根据客户要求为企业的管理层及外部机构提供有效信息。

(4)证券承销与保荐业务。这个业务是证券公司的核心业务,指的是进行证券的承销与保荐。

(5)证券自营业务。这个业务指的是证券公司以自己的名义与自主支配的资金或证券,通过证券市场从事买卖证券并获取利润的经营行为。

(6)证券资产管理业务。这个业务指的是证券经营机构开办的资产委托管理,即委托人将自己的资产交给受托人、由受托人为委托人提供理财服务的行为。

(7)融资融券业务。这个业务是指证券交易所或者国务院批准的其他证券交易场所进行的证券交易中,证券公司向客户出借资金供其买入证券或者出借证券供其卖出,并由客户交存相应的担保物的经营活动。

(8)其他证券业务。

(二)证券公司的设立

证券公司的设立需要符合一定的设立程序,具体包括以下几个条件。

(1)前置审批程序。前置审批在我国《证券法》第128条第1款中有规定:"国务院证券监督管理机构应当自受理证券公司设立申请之日起6个月内,依照法定条件和法定程序并根据审慎监管原则进行审查,作出批准或者不予批准的决定,并通知申请人;不予批准的,应当说明理由。"

(2)公司设立登记程序。公司设立登记程序指的是证券公司设立申请获得批准的,申请人应当在规定的期限内向公司登记机关申请设立登记,领取营业执照。

(3)设立后营业许可程序。这个程序指的是证券公司应当自领取营业执照之日起15日内,向国务院证券监督管理机构申请经营证券业务许可证。未取得证券业务许可证,证券公司不得经营证券业务。

(三)证券公司风险管理制度

证券公司风险管理制度主要包括以下几个方面。

(1)风险准备金制度。风险准备金制度是指期货交易所从自己收取的会员交易手续费中提取一定比例的资金,作为确保交易所担保履约的备付金的制度。

(2)投资者保护基金。投资者保护基金或称投资者赔偿基金或投资者补偿基金,是指一种在上市公司、证券公司出现支付危机、面临破产或倒闭清算时,由基金直接向危机或破产机构的相关投资者赔偿部分或全部损失的保障机制。

(四)证券公司内部控制制度

证券公司内部控制制度指的是证券公司根据经营目标与运

营状况,在自身公司环境条件下进行的有效内部控制机制与制度。

三、证券登记结算机构

证券登记结算机构指的是为证券交易提供集中登记、存管、结算服务,并不以盈利为目的的法人。

我国的证券登记结算机构主要为分散模式,其职能主要包括以下几个方面。

(1)证券账户、结算账户的设立。

(2)证券的存管和过户。

(3)证券持有人名册登记。

(4)证券交易所上市证券交易的清算和收交。

(5)受发行人的委托派发证券权益。

(6)办理与上述业务有关的查询。

(7)从事国务院证券监管机构批准的其他业务。

四、证券服务机构

证券服务机构指的是依法设立的从事证券服务业务的机构,主要包括以下几种类型:投资咨询机构、财务顾问机构、资信评级机构、资产评估机构、会计师事务所、律师事务所。

需要指出的是,证券服务机构从事证券服务业务,必须由国务院证券监督管理机构和有关管理部门批准。其审批管理办法,由国务院证券监督管理机构和有关主管部门制定。[①]

第五节　证券法的案例应用研究

天元股份有限公司现有净资产额 2 900 万元。为了扩大生产规模,计划向社会发行企业债券 1 500 万元。公司工作人员按照

---

① 韩长印.商法教程(2 版)[M].北京:高等教育出版社,2011:285.

董事长的要求,准备了有关文件,并请公司的法律顾问进行审查。假设你作为天元公司的法律顾问,受托对该公司发行债券前的工作进行审查。

(1)天元股份有限公司为发行债券准备好的送批文件有:公司章程、公司董事会名单、公司登记证明、公司资产评估和验资报告、公司近三年经营状况分析报告、公司债券募集办法。依照我国《公司法》的规定,请协助天元公司选择准备必须送批的文件。

(2)董事长问公司经理:"公司债券票面上要载明哪些内容,还需要我签字吗?"经理回答:"我问过一个朋友,他们公司发行债券时,债券上主要写了公司的住所、公司债券发行的日期和编号、还本期限和方式、公司的印记和法定代表人的签章、审批机关批准发行的文号和日期。"作为公司的法律顾问,请根据有关法规规定告知董事长,该公司发行债券时,债券票面上还应载明哪些内容?

(3)对天元公司的申请,国务院证券管理部门能否批准?为什么?

案例分析:

(1)天元公司应该准备送批的文件包括以下几种。

公司登记证明。

公司章程。

公司债券募集办法。

资产评估报告和验资报告。

(2)债券票面上还应载明的内容包括以下几种。

公司的名称。

公司债券的面额。

公司债券的利率和利息的支付方式。

(3)对天元公司的申请,国务院证券管理部门不能批准。因为发行债券的股份公司的净资产额最低必须达到 3 000 万元,债券总额不得超过净资产额的 40%。

第五章　票据法的理论与应用研究

　　所谓票据,指的是无因性的完全有价证券与要式证券。从历史角度来看,票据制度的出现是因为社会商品经济的快速发展所导致的,而人们对票据制度的建立与完善又在很大程度上促进了商品经济的发展。从法律角度来看,票据法从属于商法的范畴,是以规范票据关系为对象的特殊商法形式。相对于票据的实质关系而言,票据法律关系是一种形式关系。本章就来详细研究票据法的理论与应用,首先对票据法律制度进行概述,然后探讨汇票制度、本票与支票制度,在此基础上介绍一些票据法的应用案例。

第一节　票据法律制度概述

　　票据伴随着商品经济的发展而发展,对商品经济体系的形成具有一定的促进作用。想要系统了解票据法律制度的相关内容,需要首先知道票据的概念与特征。

一、票据

(一)票据的概念

　　对于票据,可以从两个角度进行理解。从广义角度来看,票据指的是各种写有一定文字并代表一定权利的文书凭证,如货单、股票、汇票、车票、船票等,这些都被称作票据。从狭义角度来看,票据属于专有名词的范畴,特指票据法中所规定的汇票、本票以及支票等。可见,狭义上的票据是出票人依据票据法发行的、无条件支付一定金额或委托他人无条件支付一定金额给收款人或持票人的一种文书凭证。① 从法律角度进行分析可知,狭义票据属于证券中的有价证券。而有价证券指的是代表某种财产性权利的证券,其与所代表的权利紧密结合,只有持有相应的证券才能行使一定的权利。由于票据具有有价证券的典型特点,因此票据权利的发生、行使、转移必须以持有票据为前提条件,如果没有票据自然是不能主张、转让票据的权利的。

(二)票据的特征

票据在形成与发展的过程中逐渐出现了一些鲜明的特征,这些特征主要表现在以下几个方面。

1.票据是设权证券

如前所述,票据属于有价证券。依据制作以及交付证券结果的不同情况,人们将有价证券分为设权证券和证权证券。所谓设权证券,即依法制作和交付之后同时产生某项权利的证券。所谓证权证券,指的是证明某项权利的证券,这种证券并不依赖证券的制作与交付,其本身所具有的权利在证券制作之前就已经是存在的。虽然票据的制作大多因为一些基础性的关系,不过票据一旦制成,票据自身就会具有相应的权利,这种权利独立地对票据关系产生法律上的效力。因此,票据属于设权证券中的一种。

2.票据是完全有价证券

根据证券与权利两者的结合程度,人们通常将有价证券分为两种:完全有价证券和不完全有价证券。所谓完全有价证券,指的是权利与证券共生共存,权利的产生、行使、存在、转移必须依托于证券这一形式。而证券能够与权利相分离的即为不完全有价证券。通过上述票据的概念可以得知,票据与一定的财产或价值结合在一起,并通过交换一定数额的金钱来体现其自身的价值,可见票据与权利二者是不能彼此分离的。票据被制作出来之

---

① 王卫国.商法(第 2 版)[M].北京:中央广播电视大学出版社,2008:211－212.

后便具有了相应的权利,票据被转移同时其所具有的权利也就发生了转移,在行使权利时则需要出示或交回票据。只有占有了票据,才能占有票据所具有的价值;如果没有占有票据,那么就不能主张票据所具有的权利。可见,票据属于完全有价证券,这一特性同时反映了票据的提示性、交付性、返还性等属性。

3. 票据是要式证券

在我国,票据的形式要件要求是非常严格的,合格的票据必须依据法律规定的形式制作出来,否则就不具有相应的法律效力。国内《票据法》对汇票、本票、支票等的制作都给出了明文规定,必须具备的项目一个都不能缺少,如果缺少某一规定事项,那么票据就是无效的。

4. 票据是无因证券

无因证券又被称为"不要因证券",指的是证券自身所具有的法律效力与制作证券的原因是完全分离的,证券权利的存在与行使不以证券的制作原因为要件。对于票据而言,持有人在行使票据的权利时并不需要说明自己取得票据的原因是什么,只要个人持有票据就可以理所当然地行使票据所具有的权利。对于自己取得票据的原因,持票人并无义务说明,债务人更没有权利进行审查。票据的无因性特点不仅有助于保障持票人的权利,而且有助于票据的顺利流通。

5. 票据是流通证券和文义证券

首先,在票据到期之前,人们可以通过多种方式转让给他人,如背书、交付票据等。票据本身就具有流通性,这是票据的典型特征。如果某一票据不具有流通的特征,那么就不能将其称为票据。

其次,票据是文义证券的具体意思为票据本身的权利和义务必须通过票据本身上所写的文字为标准。所有票据的债权人以及债务人都需要对票据自身所记载文字负有相关法律责任,二者都不能以任何方式更改票据上所记载的文字意义。

6.票据是金钱债券证券

票据本身所记载的文字意义说明它是可以代替现金支付以及流通的工具。只有给付一定数额的货币才能交换票据，人们不得使用其他任何形式的财产或利益来交换票据，从这一角度来看显然票据属于金钱证券。票据所创设的权利是金钱债券，所有票据持有人都可以对票据上记载的一定数额的金钱向票据的债务人行使请求付款权，这说明票据是一种金钱债券证券。

7.票据是提示证券和返还证券

首先，票据债权人必须占有票据才能行使他们所拥有的权利。在行使票据权利时，票据债权人想要票据的债务人履行债务的前提是提示票据，用来说明票据债务人占有票据这一事实情况。因此，票据属于提示证券的一种。

其次，当票据债务人将票据上所规定的货币金额全部交付票据债权人时，票据债权人就必须将票据交付给票据债务人，这一过程的完成就表明票据本身的债权与债务关系消灭了。如果票据债权人不能将票据交给票据债务人，那么票据债务人就有权利拒绝给付票据上所记载的货币金额，并且不负担票据上所记载的责任。因此，票据属于返还债权的一种。

（三）票据的功能

如前所述，票据是伴随着商品经济的出现而出现的，因而票据的功能主要指的是它所具有的经济功能。大致而言，票据的经济功能主要包括以下几个方面。

1.汇兑功能

在人们日常的经济贸易往来中，有时需要将一笔款项从这一地区送往另外一个地区，而这一过程中往往存在着各种输送现金的障碍。为了解决这一问题，人们就赋予了票据的汇兑功能。所谓汇兑,即异地支付,指的是汇款人将自己的款项存到银行,然后银行作为出票人将已经签发好的汇票寄送到异地送给持票人,持票人持有银行的汇票到异地的银行兑取现金或者办理转账,这种形式相对于现金汇兑方便很多,不仅安全,而且节省了很多不必要的开支和费用。在当前社会,随着"电汇""电子货币"等新的汇款方式的出现,票据的汇兑功能已经没有最初那么重要。不过,在国际事务以及贸易往来中汇票的汇兑功能依然十分重要。

2.支付与结算功能

最初,票据的功能就是一种支付工具。汇票与支票主要是委托他人付款,而本票则是出票人自己付款,这是票据最原始的功能。票据可以代替现金,使用票据不仅安全、准确、高效,而且在很大程度上促进了资金的快速周转,大大提升了资金的使用效率。结算功能是指双方当事人(债权人与债务人)在经济交往的过程中可以利用票据结算的方式来抵消彼此的债务。票据的结算功能不仅手续简便,而且具有快速、安全的特点。

3.融资功能

所谓融资,即人们在经济往来中筹集、调度、融通资金的过程。票据持票人可以在票据到期日之前通过相关的法定程序来获取资金。人们通过票据融资的方式一般有票据贴现、票据转贴现、票据再贴现。其中,票据贴现指的就是人们将自己手里未到期的票据进行买卖,从而获得一定利益。票据持票人可以将自己手中未到期的票据卖给他人来获得现款。

4.信用功能

信用功能是票据最核心的功能。人们在日常的贸易交往过程中可以通过票据进行结算,同时规定一定的付款期限。这种当前社会十分普遍的结算方式就是信用交易。在票据的各种法律关系中,出票人、背书人作为票据的债务人可以现在就使用将来才能取得的金钱,不过其前提条件是票据债权人需要提供自己的信用。

票据未到期前,持有人可以利用出票人的信用来获取一定的信用利益,如他可以利用票据到银行办理票据贴现,或者通过背书将票据转让出去,还可以将票据作为抵押物进行抵押。如果当事人的信用欠佳,他也可以利用信用好的人所签发的票据进行支付,从而顺利实现自己的经济目的。

二、票据法

(一)票据法的概念

在我国,票据法随着社会的发展而得到不断完善。票据法即调整票据关系以及与票据有关的其他社会关系的法律规范的总称。[①]

从广义角度来看,票据法包括国家各项法律中有关票据内容的总和,如民法中所规定的代理;民事诉讼法中规定的票据诉讼内容;刑法中规定的伪造有价证券内容;破产法规定的票据当事人受破产宣告内容;税法中规定的票据印花税内容等。

从狭义角度来看,票据法指的是专门关于票据所建立的法律制度与规范。它不仅包括以"票据法"为名的单行法,而且也包括民法典、商法典中有关票据方面规定的章节。

一般而言,人们所提及的票据法指的就是狭义角度的票据法,本章同样是从狭义角度来探讨票据法的。从历史发展层面来分析可以得知,票据最初源自于商人之间的经济往来,因而在人们眼中票据属于一种商务行为,所以世界上很多国家都将票据的相关规定撰写到商法典中,可见票据法属于商法的一个重要组成部分。不过随着社会与经济的快速发展,现代时期很多国家都制定了专门的票据法,将其从商法中独立出来,这使得票据法在立法上拥有了独立的地位。

---

① 范健,王建文.商法学(第4版)[M].北京:法律出版社,2015:422.

（二）票据法的特征

1.强制性

票据法虽然允许票据当事人自主设定票据相关方面的义务，但是票据法律关系的设定、消灭都必须建立在法律规定的基础上。对于票据的内容，当事人无权更改，这是由法律明确规定好的。也就是说，票据的内容不会依据票据当事人的喜好做出改动。例如，票据的种类、票据行为、票据种类、票据双方当事人的权利和义务等，这些在法律中都有明确、强制的规定，从而避免票据当事人做出一些任意而为的行为。

2.技术性

为了迎合商业活动的需求，世界上很多国家的票据法都是根据票据的本质规律专门设计出来的，这样做的目的在于确保票据在使用过程中体现出方便、安全的特点。因此，票据法具有较强的技术性特征。

3.国际统一性

人们制定票据法的初衷是为了服务于世界各个国家之间所开展的商务和贸易活动。随着经济全球化的快速发展，世界上各个国家所制定的票据法日益趋同。例如，《日内瓦统一汇票本票法》与《日内瓦统一支票法》就是为了迎合国际贸易而特别制定的，这两部票据法已经为世界上的很多国家所接受与认可。这体现出票据法本身所具有的国际统一性特点。票据法已经是目前世界上统一程度最高的法律体系。

三、票据法律关系

所谓票据法律关系，主要是指票据双方的当事人依据票据所形成的权利与义务关系。根据票据法律关系是否依赖票据本身，人们将票据法律关系分为以下两种。

（一）票据关系

所谓票据关系,指的是在票据法的规定下,基于票据当事人的票据行为而发生于票据当事人之间的,以票据金额的给付为标准的金钱上的债券债务关系。① 最基本的票据关系有两种:付款请求权关系、追索权关系。

我国《票据法》对票据当事人做出了这样的规定:"票据当事人通常是指在票据上签字同时承担票据责任的人,如出票人、持票人、收款人、承兑人、付款人、背书人等,这些人都享有票据自身所具有的权利。"可见,票据当事人就是不仅享有票据权利,而且承担票据义务的法律关系主体。通常而言,个人可以成为票据关系的法律主体,法人可以成为票据关系的法律主体,国家在某些特殊情况下也可以成为票据关系的法律主体。

票据当事人包括两种:基本当事人和非基本当事人。

（1）基本当事人。所谓基本当事人,指的是伴随出票这一行为而形成的当事人,如汇票中的出票人、付款人和收款人;支票中的出票人、付款人、收款人;本票中的出票人、收款人等。基本当事人是票据法律关系中的必要主体之一,如果这种主体不存在或者不完整,那么票据法律关系就是不成立的,票据自然也是无效票据。

（2）非基本当事人。所谓非基本当事人,指的是在票据签发之后通过其他票据行为而进入票据关系的当事人,如承兑人、背书人等。

（二）非票据关系

非票据关系指的是票据的基础关系,这种关系并不是因为票据行为本身所产生的,是在票据产生后与票据关系相对而言的一种法律关系,通常是由于法律规定而形成的。票据法设立这种关系的主要原因在于保护票据债权人的相关权利,如果票据债权人

---

① 范健,王建文.商法学(第4版)[M].北京:法律出版社,2015:423.

因为一些主观或者客观原因而失去票据,那么票据法会通过一些规定来弥补票据债权人的票据权利。

根据不同的法律基础,产生了两种不同的非票据关系,即以票据法为基础的非票据关系、以民法为基础的票据关系。

(1)以票据法为基础的非票据关系,这种关系是通过票据法直接给予规定的,虽然与票据行为具有一定联系,不过其并不是因为票据本身所形成的法律关系。

(2)以民法为基础的非票据关系,这种关系是票据法律关系得以存在的前提条件,人们通常将这种关系称为"票据的实质关系"。以民法为基础的非票据关系并不属于票据法规范的对象,主要是通过民法进行调整,因而被称为"以民法为基础的非票据关系"。

四、票据行为

(一)票据行为的概念

根据我国《票据法》的相关规定可以得知,票据行为指的是出票、背书、承兑、保证、付款,其中最基本的票据行为就是出票,其他几项则属于附属票据行为。从广义角度来看,票据行为指的是产生、变更、消灭票据权利义务关系的相关法律行为。从狭义角度来看,票据行为指的是承担票据债务的要式法律行为。

基本票据行为和附属票据行为这两种类型划分的依据是票据行为所具有的性质特征。所谓基本票据行为,指的是能够引起票据法律关系的行为;所谓附属票据行为,则是票据行为之外的其他可以引起法律关系的行为。

(二)票据行为的特征

1. 要式性

票据行为的要式性特征主要是通过其严格的书面行为来体现的。任何票据行为都需要依据票据法的规定进行。票据上所记载的法定事项必须经过票据行为人的签字才能对其票据行为产生法律效力。票据行为的要式性特点可以确保票据在一个国家安全的流通。票据法之所以要严格规定票据行为,原因包括两个方面。

首先,只有对票据在法律上进行严格规定,才能确保票据行为简单化、统一化,法律中明确票据的形式便于人们收受票据,这也能促进票据的顺利流通。

其次,票据行为具有无因性,这在下文会进行详细分析。无因性会使票据行为与其所产生的基础原因相脱离。如此一来,人们并不能从签发票据的动机或原因上来获知票据的法律效力,那么人们就只能通过票据的形式来对票据的法律效力进行判断。通常而言,人们会通过观察票据的外在表现形式来确认票据法律效力的真实性。

2. 无因性

票据行为的无因性指的是票据行为与作为其发生前提的基础关系是分离的,这导致票据行为所具有的法律效力不再受基础关系存在与否的影响。该特性可以在很大程度上维护票据在流通过程中的安全性,是由票据法规定的。票据行为的无因性既有外在的也有内在的,内在无因性指的是票据关系、引起票据行为的实质原因从票据行为中抽离,不是票据行为本身所具有的内容,当形成票据法律关系时,票据债务人不得通过基础关系所形成的抗辩事由来对抗票据债权的行使。外在无因性指的是票据行为所形成的以下相应法律效果。

(1)票据行为的法律效力是独立的,不依附于其他形式。

(2)持票人不负证明给付原因的责任。

3. 文义性

票据行为的内容必须依据票据自身的文字规定,这体现了票据行为的文义性特征。票据上即便记载的内容与现实情况不相符合,票据当事人也无权采用其他方式来变更或补充票据行为的内容,这同样也体现了票据行为的要式性。票据上所记载的内容对票据权利与义务的范围和限度有直接决定权利。

4.独立性

在同一票据上所产生的各种票据行为是彼此不影响的,都是具有相应的法律效力的,这体现了票据行为的独立性特征。票据行为的独立性有助于票据在一个国家的顺利流通以及交易的安全。

5.连带性

票据行为的连带性指的是各种票据行为人都对票据持票人负有连带责任。票据行为本身所具有的无因性、独立性在一定程度上影响了票据持票人的权利实现,所以为了保障持票人的票据权利,《票据法》规定了连带原则。

(三)票据行为的要件

作为一种常见的民事法律行为,票据行为需要具备民事法律行为应该具备的要件。另外,票据行为同时也是一种具有要式性的、特殊的民事法律行为,因而自然需要具备《票据法》所规定的一些特别要件。其中,第一种要件是票据行为的实质要件,而第二种则是票据行为的形式要件。

1.实质要件

票据行为的实质要件一般包括如下两项。

(1)行为人的票据行为能力。这要求票据持票人必须具有基本的民事行为能力。

(2)票据意思表示。这要求票据持票人在表达意思时必须真实、有效。

2.形式要件

票据行为的形式要件具体包括如下四项。

（1）书面。票据作为一种国家规定的法定流通证券，人们利用票据所产生的票据行为属于一种法律行为，故法律上就规定所有的票据行为都必须通过书面形式作出。世界上各个国家都对票据行为如出票、背书、承兑、保证等作出了书面形式的要求。我国《票据法》第108条规定："汇票、本票、支票的格式应当统一，票据凭证的格式和印制管理办法由中国人民银行进行规定。"

（2）签章。世界上很多国家对票据法的要求是签名，不过我国则要求票据必须签章。只要票据上被票据当事人签名，那么签名的人就需要承担票据自身所具有的权利和义务。世界上所有国家都规定了任何票据行为的产生都必须以行为人在票据上的签名为前提条件。不过，世界上不同国家对签名的要求有所不同，有些国家要求行为人的签名必须是自己亲自写上去的，而且是自己的本名，如我国《票据法》就规定了票据上所写签名必须是当事人的本名。国外有些国家的票据法则没有如此严格的规定，即可以使用笔名、艺名等，或者只签上自己的姓或者名字。只要签名是行为人自己的文字，那么签名就产生了相应的法律效力。如果票据上的签名是法人，那么就需要法人代表签名或者盖章，如此才能产生法律效力。

（3）记载事项。记载事项所产生的效力大小是不同的，人们对此进行了区分，分为以下几种。

必要记载事项。这种记载事项指的是依据《票据法》规定在票据上必须进行记载的事项。必要记载事项又可以进一步划分为绝对必要记载事项和相对必要记载事项。

其一，绝对必要记载事项。这种事项决定着票据的有效与否。也就是说，如果票据上出现了绝对必要记载事项，那么该票据就是有效的。如果票据上缺少了应有的绝对必要记载事项，那么该票据就是无效票据。大致而言，绝对必要记载事项包括：说明票据种类的语句；票据上的金额；无条件付款的委托语句；无条件支付的承诺语句；出票的具体日期。我国《票据法》所规定的绝对必要记载事项除了上述几个方面外，还增加了收款人的名称、付款人名称、出票人签章。

其二,相对必要记载事项。这种事项指的是票据上必须记载的事项,如果票据上没有记载的话,则需要依据《票据法》的规定为行使行为的标准。

任意记载事项。这种具体是指票据上的记载事项是否记载取决于票据当事人,如果记载到票据上,那么票据具有法律效力,如果不记载到票据上,票据同样具有法律效力。例如,我国《票据法》第 27 条第 2 款就规定:"出票人在汇票上如果写'不得转让'的字样,那么该汇票就不能被转让。"

禁止记载事项。显而易见,禁止记载事项就是不得在票据上记载的事项,如果票据上出现了禁止记载的事项,那么该票据就作无效处理了。

(4)交付。所谓交付,指的是票据行为人将票据交给相对人持有。只有将票据交到相对人的手中,票据行为才算最终完成,相对人才能根据自己手中的票据行使权利或承担票据的相应义务。

第二节 汇票制度研究

汇票属于票据中的一种,在长期的发展过程中建立和完善了汇票制度体系。该体系涉及汇票、出票、背书、承兑、保证、付款、追索权等多方面内容。下面就来详细分析汇票制度的上述前四项内容。

一、汇票

(一)汇票的概念

所谓汇票,指的是经出票人签发之后委托付款人在汇票的限定日期内无条件支付一定金额给汇票持票人的票据。我国《票据法》第 19 条规定:"汇票是出票人签发的,委托付款人在见票时或者在指定日期内无条件支付确定金额给收款人或者持票人的票据。"

首先,汇票属于一种委托他人使用现金支付的票据形式。汇票的出票人只是签发汇票而不是汇票的付款人,他必须将票据支付金额委托给他人进行支付。从这一角度来看,汇票是一种委托证券,并不是自付证券。由此可知,汇票行为的当事人最少包括以下三个。

(1)出票人。汇票的出票人即签发汇票的人。

(2)付款人。汇票的付款人指的是受出票人委托并且需要支付一定金额给收款人的人。

(3)收款人。汇票的收款人指的是从出票人手中获得汇票同时又有权利要求付款人支付款项的人。

其次,汇票上必须标有明确的到期时间。汇票并不是要求人们见票即付,而是规定了一个到期日,这样做的目的在于确保人们可以有充分时间来进行远程支付。为汇票规定到期日体现了票据自身所具有的信用职能,因而又被称为"信用证券"。

(二)汇票的特征

汇票的特征如下所述。

(1)汇票只有经过承兑才会产生自身的法律效力。承兑是本票与支票最大的区别,属于汇票特有的法律特征。

(2)汇票的出票人与付款人之间的委托付款关系必须是真实有效的。这点与本票不同,本票具有自付性质。

(3)汇票、本票、支票在付款期限上都可以见票即付,但汇票除了这种付款形式之外,还可以规定付款期限,如出票后定期付款、定日付款、见票后定期付款等。

(三)汇票的分类

1.完成汇票、空白汇票、不完全汇票

根据汇票记载内容的不同,人们将汇票分为完成汇票、空白汇票、不完全汇票三种类型。

（1）完成汇票。这种汇票指的是汇票上的记载事项是完整的，任何内容都不缺。

（2）空白汇票。这种汇票又被称为"未完成汇票"，指的是在票据上预留出记载事项的空白之处，同时授权给其他人进行补充。

（3）不完全汇票。这种汇票本质上属于一种无效票据，虽然票据行为已经完成但票据上欠缺一些必要的记载事项。

2.一般汇票与变式汇票

根据汇票当事人是否具有兼任身份进行划分，汇票可以分为一般汇票与变式汇票两种。

（1）一般汇票。这种汇票是指汇票法律关系中所涉及的基本当事人分别由不同的人担任，即出票人、付款人、收款人是三个具有独立民事行为能力的人。

（2）变式汇票。这种汇票指的是在汇票法律关系中基本当事人中有的人可能同时兼任两种身份。依据不同的兼任身份，变式汇票又可以进一步区分为以下几种。

其一，指己汇票。这种汇票指的是汇票出票人同时也是收款人。

其二，对己汇票。这种汇票指的是汇票出票人同时也是付款人。

其三，付受汇票。这种汇票指的是汇票付款人同时也是收款人。

其四，己受己付汇票。这种汇票指的是汇票的三个基本当事人为同一人。

3.银行汇票与商业汇票

根据出票人所具有的身份，人们将汇票分为银行汇票、商业汇票两种。

（1）银行汇票。这种汇票是指银行作为出票人所签发的，由出票行在见票时根据实际汇票上的金额无条件支付给收款人或者持票人的票据。

(2)商业汇票。这种汇票是指经过出票人签发后,委托付款人在汇票规定的日期之前无条件支付确定的金额给收款人或持票人的票据。这种汇票又可以进一步分为商业承兑汇票与银行承兑汇票。

4.记名汇票、指示汇票、无记名汇票

根据收款人记载方式的不同,人们将汇票分为记名汇票、指示汇票、无记名汇票三种。

(1)记名汇票。这种汇票指的是汇票在出票时就已经标明了确定的收款人,即在汇票上记载有收款人的姓名或名称。

(2)指示汇票。这种汇票指的是汇票出票时上面不仅记载着收款人的姓名或名称,同时还标有"或其指定的人"这样的字样。

(3)无记名汇票。这种汇票指的是汇票上并没有明确标明收款人的姓名或名称,或者写有"将票据金额付与来人或持票人"字样。

5.即期汇票、远期汇票

根据汇票付款日期的不同限定方式,人们将汇票分为即期汇票和远期汇票两种。

(1)即期汇票。这种汇票的付款方式为见票即付。

(2)远期汇票。这种汇票的付款方式可在汇票的规定时间内完成付款。远期汇票又可以进一步分为三种。

其一,定期汇票。这种汇票的付款日期已经在汇票上明确标出。

其二,计期汇票。这种汇票的付款日期从出票时开始算起,截至汇票上标明的某一日期。

其三,注期汇票。这种汇票通常是在见到票后的一定日期内完成付款。

二、出票

(一)出票的概念

我国《票据法》第 20 条规定:"出票是指出票人签发票据并将其交付给收款人的票据行为。"出票又被人们称为"发票""发行"等,作为一种最基本的票据行为,出票是其他票据行为产生和出现的基础。也就是说,只有首先出票,与票据相关的其他一系列票据行为才有可能发生。出票包括以下两个部分。

(1)作成票据。这种行为指的是出票人在票据法所规定票据内容的基础上将法定内容记载到票据上,然后签名或盖章。

(2)交付票据。这种行为指的是出票人依据自己的本意将已经做好的票据交付给他人占有。

(二)出票的效力

1. 出票对于出票人的效力

根据我国《票据法》第 26 条的相关规定可以得知,出票人对自己签发的汇票具有获得承兑和获得付款承担担保责任。

(1)担保承兑,这一法律术语指的是出票人对于自己所签发的汇票必须确保其具有承兑性,如果持有该汇票的人到银行去承兑而遭到拒绝的话,那么出票人就有义务来偿还持票人所遭受的损失。

(2)担保付款,这一法律术语指的是出票人对自己所签发的汇票要确保持票人在汇票到期之前能够获得应有的付款,如果持票人在汇票到期后得不到付款,那么出票人就必须对持票人的损失给予赔偿。

对于上述两种担保责任而言,这是出票人的法定义务,是无法推脱的责任。即使出票人将免于担保责任的字样记载到汇票上,这种记载也是无效的。

2.对收款人的效力

收款人在从出票人手里获得汇票之后,他便具有了付款请求权以及追索权。不过需要明确的是,收款人的付款请求权和追索权在付款人承兑汇票之前只是一种期待权,这种权利需要依赖收款人进行确认。收款人的付款请求权只有在付款人承兑汇票之后才成为一种现实权。另外,追索权行使的前提条件是付款人拒绝承兑汇票或者因为其他原因导致收款人无法获取自己的应得货币数额时。换言之,付款人由于因为一些主客观原因而导致汇票无法承兑,那么收款人在此时就有了行使追索的权利。

3.对付款人的效力

如前所述,付款人和出票人之间具有委托付款关系,当出票行为完成后,付款人就有了对汇票进行承兑的资格。不过,付款人在承兑汇票之前,还并不是汇票关系的真正当事人。如果付款人不承兑汇票,那么其就不负有为汇票付款的义务。当付款人完成承兑汇票的行为之后,就理所当然地成为汇票的第一债务人,对收款人就负有完全绝对的付款义务。

三、背书

(一)背书的概念

根据我国《票据法》第 27 条第 4 款的相关规定可以得知,背书属于一种汇票权利转让的行为。所谓背书,指的是持票人将全部或部分的汇票权利转让、授予他人来行使的行为,为了确保这一行为符合法律的规定,所以就在汇票的背面或粘单上记载这一事项,同时进行签章。在法律上,人们将这种行为称作一种附属票据行为。

背书行为一旦完成,该持票人就成为背书人,而涉及该票据行为的第三人则成为被背书人。

(二)背书的记载要求

由于背书属于一种要式行为,所以背书的书面记载中必须有背书人的名称、签章,否则背书作无效处理。在背书时,除了记载背书人的名称、签章之外,还必须记载明确的背书日期,如果背书上未记载背书的具体日期,那么就默认这种背书的到期日为票据的到期日。

我国《票据法》规定,通过背书形式转让的汇票,背书必须是连续的。所谓背书连续,指的是在汇票转让时转让汇票的背书人与取得汇票权利的被背书人在汇票上的签字和盖章必须是依次出现、前后衔接的。另外,通过背书转让汇票权利的不得附加任何条件。如果背书时附加了某些条件,那么这些条件在汇票上不具有任何法律效力。需要注意的是,背书只转让汇票部分金额的,或者将汇票金额分别转让给两个人以上的背书作无效处理。

(三)背书的种类

1.转让背书、非转让背书

根据背书的不同目的,将背书分为转让背书和非转让背书两种。

(1)转让背书。这种类型的背书通常指的是汇票持票人背书的目的主要在于转让汇票的权利。该类型的背书就是一般意义上的背书。

(2)非转让背书。这种类型的背书指的是汇票持票人通过背书并不将自己的汇票权利转让给他人,而是将自己一定的汇票权利授予他人行使。该类型的背书则是特殊意义上的背书。

2.一般转让背书、特殊转让背书

在转让背书中,人们根据背书中是否存在特殊情况而做出了进一步的划分,将转让背书分为一般转让背书、特殊转让背书两种。

（1）一般转让背书。这种类型的背书指的是持票人通过背书形式主要是想实现汇票权利的转让，其中排除在背书时间和被背书人中所出现的特殊情形。

（2）特殊转让背书。这种类型的背书刚好与上一种类型的背书完全相反。也就是说，特殊转让背书中持票人在通过背书转让汇票权利时在背书时间以及被背书人方面会有一些特殊的情况和要求。

3.完全背书、空白背书

在转让背书中，人们根据转让背书不同的目的而对其做了进一步划分，将转让背书分为完全背书、空白背书两种。

（1）完全背书。这种类型的转让背书又被称为"正式背书""记名背书"，指的是背书人在汇票背面或粘单上记载背书的内容，然后背书人、被背书人依次签名和盖章的背书。

（2）空白背书。这种类型的转让背书又被称为"略式背书""无记名背书"，指的是背书人并不记载被背书人的名称，上面只有自己也即背书人签章的背书。

根据我国《票据法》第30条规定："汇票通过背书的形式转让给他人时上面必须记载被背书人的名称。"可见，在我国是不承认有空白背书这一形式的。

4.委任背书、设质背书

根据转让背书的不同目的，人们将转让背书分为委任背书、设质背书两种。

（1）委任背书。这种类型的背书指的是持票人以行使票据权利为目的，将自己的票据权利授予被背书人进行代理。

（2）设质背书。这种类型的背书又被人们称为"质权背书"，指的是持票人以在票据权利上设定质权为目的而进行的背书。

（四）转让背书

前面已经提及，根据背书不同的记载方式，转让背书可以分为完全背书与空白背书,不过我国《票据法》是不承认空白背书的,因而这里所分析的转让背书专门指的是完全背书。

特殊转让背书通常分为回头背书和期后背书两种。

(1)回头背书。回头背书又被人们称为"还原背书""逆背书""回还背书"等,指的是背书人以转让自己手中票据的权利为目的,以原票据债务人为背书人以依法所为的背书行为。其中,原票据债务人指的是原票据的出票人、背书人、承兑人、保证人、付款人等,可以是他们中的任何一类。

与这种回头背书不同的是,完全背书往往是排除原票据债务人,而以票据关系当事人之外的其他人为被背书人。我国《票据法》第 69 条对此作出了间接规定:"持票人为出票人的,对其前手无追索权;持票人为背书人的,对其后手无追索权。"[①]

(2)期后背书。期后背书又被人们称为"后背书",指的是持票人手中的票据被拒绝承兑,或者付款人拒绝付款,或者票据的提示期限已经过去,在这些情况下持票人出于转让票据权利而为的背书。我国《票据法》第 36 条规定:"汇票被拒绝承兑、被拒绝付款或者超过付款提示期限的,不得背书转让,背书转让的,背书人应当承兑汇票责任。"[②]

对于转让背书而言,它是建立在法律规定的基础之上的,本身具有以下三种效力。

(1)权利转移效力。转让背书这一行为的本质就是汇票权利的转让,因此这体现了背书人的主要目的和本来意图,即转移汇票上的权利。背书一旦成立,汇票上被转移的权利便从背书人的手中到了被背书人的手中,被背书人就成为汇票权利的代理人。根据背书转移的权利,人们将转移效力分为对付款人的付款请求权、对出票人和背书人以及保证人的追索权等。权利转移效力是转让背书的最主要效力。

(2)权利担保效力。所谓担保效力,指的是背书人对被背书人以及其后有担保承兑以及担保付款的责任。简言之,如果汇票

---

① 范健,王建文.商法学(第 4 版)[M].北京:法律出版社,2015:444—445.
② 同上。

持票人在请求付款人承兑或付款时遭到对方拒绝,那么持票人就具有了追索权,他可以对背书人行使这一权利。根据我国《票据法》的相关规定可以得知,背书人所承担的权利担保效力是由法律给予明确规定的,背书人不得通过任何方式免除该担保责任。

(3)权利证明效力。转让背书的权利证明效力主要体现在背书的连续性上。如果持票人手里的汇票在背书上显示是连续的,那么依我国《票据法》就可以得知持票人就是该汇票正当的权利人而享有汇票上所记载的一切权利。汇票持票人在行使自己所拥有的汇票权利时,同样也需要以背书的连续性来证明自己就是该票据的正当权利人。

(五)非转让背书

1.委任背书

首先,委任背书的目的并不是转让汇票的权利,所以委任背书行为发生后汇票的权利并没有发生转移。换言之,汇票权利仍然属于背书人自己所有,被背书人对于汇票所具有的只是代理背书人行使汇票权利的权限。在委任背书行为完成后,被背书人所取得的汇票代理权包括除了汇票权利转移之外汇票上所记载的所有权利,如汇票的付款请求权、汇票的追索权等。另外,委任背书同样具有权利证明这一效力,不过委任背书证明的权利是被背书人的代理权,并不是汇票自身的权利。

2.设质背书

我国《票据法》第 35 条第 2 款规定:"汇票可以设定质押,质押时应当以背书记载'质押'字样。被背书人依法实现其质权时,可以行使汇票权利。"[①]据此可知,设质背书除了必须记载有背书人的签章之外,上面还必须记载有"质押""设质"等字样。如果汇票上只有出质人所记载的"质押"字样,并没有在上面签章,或者

---

① 范健,王建文.商法学(第4版)[M].北京:法律出版社,2015:445.

出质人没有在汇票或粘单上记载"质押",而通过其他途径如质押合同等来完成设质背书的行为,那么这些都不构成票据质押,即是无效的设质背书。

设质背书具有质权设定效力,这是设质背书的最主要效力。被背书人在完成设质背书的行为后就拥有了汇票质权,便可以行使汇票本身所具有的权利,还可以收取汇票的金额。被背书人如果在请求付款时遭到拒绝,那么其同样具有行使追索的权利。另外,设质背书同样具有权利证明的效力,其可以证明被背书人拥有质权,并不是拥有汇票权利。

四、承兑

(一)承兑的概念

所谓承兑,即汇票付款人承诺在汇票到期日之前支付汇票金额给收款人的票据行为。[①] 作为一种附属票据行为,承兑行为得以实现和完成的前提是出票行为的成立。另外,承兑行为的发生必须是在汇票的有效期限之内完成,如果承兑行为在汇票有限期限之外发生,那么该行为作无效处理。承兑行为的直接当事人是汇票的付款人,指的是在汇票到期日之前将汇票金额支付给收款人的票据行为。

承兑行为属于一种法律上的要式行为,这一行为的完成需要汇票承兑人在汇票的正面记载承兑的字样和具体日期,同时在汇票正面签章。承兑是汇票持票人行使票据权利的重要程序之一,只有付款人承兑汇票之后,汇票持票人才能确定自己的付款请求权。

作为票据法中特有的一种制度,承兑行为主要的目的在于确定汇票上的法律关系,即权利和义务的关系。汇票作为一种典型的信用证券,只有自身的权利和义务关系得到确定,才能在国内进行顺利流通。

---

① 范健,王建文.商法学(第 4 版)[M].北京:法律出版社,2015:446.

(二)承兑的程序

1.承兑提示

所谓承兑提示,即汇票持票人将汇票出示给付款人,同时要求付款人承诺付款的行为。严格来说,承兑提示这一行为并不属于票据行为,该行为只是承兑行为的一个前提。为承兑而提示付款人的行为人被称为"提示人",付款人则被称为"被提示人"。

世界上多个国家的票据法对于承兑采取的都是承兑自由原则,因而汇票持票人原则是可以自由选择是否要对付款人采取承兑提示行为。前面已经提及,承兑可以将汇票当事人的权利和义务给予确定,因而持票人往往在承兑提示上具有积极态度。各个国家的票据法对承兑行为的规定略有不同,有的汇票不需要采取承兑提示行为;有的汇票则可以采取承兑提示行为;有的汇票则应当采取承兑提示行为。上述三种情况也使得承兑的期间各不相同。

(1)不需要承兑提示的汇票。这类汇票通常指的是见票即付的汇票。我国《票据法》第40条第3款规定:"见票即付的汇票无须提示承兑。"

(2)可以承兑提示的汇票。这类汇票一般指的是定日付款或者出票后定期付款的汇票。从汇票出票的时间算起,在汇票的有效期限之内,持票人可以随时随地对付款人采取承兑提示行为。

(3)应当承兑提示的汇票。这类汇票指的是见票后定期付款的汇票。我国《票据法》第40条第1款规定:"见票后定期付款的汇票,持票人应当自出票日起一个月内向付款人提示承兑。"

2.承兑和拒绝承兑

根据我国《票据法》的相关规定可知,当汇票持票人向付款人采取承兑提示行为之后的三日内,付款人需要给出承兑或拒绝承兑的回应。如果三日之后付款人未作出任何回应,那么就默认为拒绝承兑。如果付款人答应承兑,则需要在汇票的正面记载"承兑"字样,同时进行签名和盖章。

作为法律中的一种要式行为,承兑必须由承兑人在汇票的正面记载"承兑"字样并签章。也就是说,签章、承兑字样、承兑日期是汇票承兑的必要记载事项。不过,承兑有正式和略式之分。

(1)正式承兑。在这一票据行为中,付款人需要在汇票的正面记载"承兑"字样并签章。可见,正式承兑的绝对必要记载事项是承兑字样和付款人签章。

(2)略式承兑。在这一票据行为中,付款人仅需要在汇票上签章即可,并不需要记载"承兑"字样。可见,略式承兑的绝对必要记载事项仅有一项,即付款人的签章。

通常而言,承兑日期属于承兑行为中的相对必要记载事项。不过有一种例外情况,就是见票后定期付款的汇票。这种汇票的承兑日期关系到汇票有效期限的确定和计算,因而付款人必须在这种汇票上记载明确的承兑日期。因此,对于这种汇票而言,承兑日期就属于绝对必要记载事项。

3.汇票的回单与交付

汇票的持票人在完成承兑的行为后,需要将汇票临时交给付款人。在付款人做出承兑或拒绝承兑的期间内,汇票暂时由付款人持有。我国《票据法》第41条第2款规定:"付款人收到持票人提示承兑的汇票时,应当向持票人签发收到汇票的回单。回单上必须记明汇票提示承兑的日期并签章。"①

如果付款人决定承兑汇票,则应当在规定的时间内将证明记载有"承兑"的汇票交付给持票人。付款人可以通过当面交付、邮寄交付、书面通知等方式完成交付行为。如果付款人在规定的时间内并没有将汇票交付给持票人,那么这种行为就视作拒绝承兑。

(三)承兑的效力

付款人一旦进行汇票的承兑,就成为承兑人,对汇票的债务

---

① 范健,王建文.商法学(第4版)[M].北京:法律出版社,2015:447.

承担主要的责任。承兑人自身所担负的票据责任具有绝对性,不受其他因素的影响,除非汇票权利的时效届满。如果承兑人超过了规定付款时间仍然不付款,那么持票人可以依据《票据法》向汇票的出票人、背书人、承兑人、保证人行使追索权。

第三节　本票与支票制度

本票与支票制度是《票据法》的重要组成部分。虽然本票与支票的很多法律规定与汇票的相关规定在内容上比较雷同,但本票与支票制度也有一些特殊的法律适应规则。为了对《票据法》有一个全面、系统的了解,下面就来详细分析本票与支票制度。

一、本票制度

(一)本票

1.本票的概念

所谓本票,指的是出票人签发的,并承诺在见票时或者在指定日期无条件支付确定金额给收款人或者持票人的一种票据。①对于这一概念,可进行如下几个方面的理解。

首先,本票属于票据中的一种,自身所具有的性质与票据的性质完全吻合。例如,本票属于金钱证券、文义证券、提示证券、设权证券、无因证券等。

其次,本票属于自付证券,也就是票据由出票人自己来支付。从这一角度来看,本票的当事人只有两种:出票人与收款人。这与汇票、支票所涉及的当事人是不同的,汇票与支票的法律当事人有三种:出票人、收款人、付款人。虽然在汇票和支票中有时候也会出现出票人同时也是付款人的对己汇票、对己支票,不过这

是由于当事人的资格兼并所形成的一种变式票据,并不属于正常情况。

最后,本票是一种信用证券,因为其是见票时或者在指定日期内无条件支付的票据。这一方面与汇票是相同的,不过由于本票的出票人在完成发票行为后就负有无条件付款的责任,因而期间并不用采取承兑行为。

2. 本票的出票

本票的出票指的是出票人依照法律的规定制作出合法的本票,同时将本票交付收款人的行为。在形式上而言,本票的出票与汇票的出票是一致的。但从法律角度来看,汇票的出票是出票人委托付款人依其签发的汇票付款的一种意思表示,但本票的出票则是出票人自己承担本票金额和付款义务的一种意思表示,二者具有不同的法律效果。

作为一种要式票据,本票在格式上有严格的要求。签发的本票必须依据法律规定的格式进行制作,否则就不具有相应的法律效力。通常而言,本票的必要记载事项包括如下几种。

(1)"本票"字样。

(2)明确的金额。

(3)收款人的名称。

(4)无条件支付的承诺。

(5)出票的明确日期。

(6)出票人的签章。

对于上述六个事项,都是本票的绝对必要记载事项。如果本票上缺乏上述任何一种事项,那么该本票将视作无效。

3. 本票的见票

所谓见票,即本票持票人为了确定本票的到期时间,从而向出票人提示本票,然后由出票人在本票上记载"见票"字样同时签章的票据行为。对于这一概念,可以从以下几个层次进行理解。

首先,见票的直接当事人是出票人,是出票人在本票上记载

"见票"并签名和盖章,这一行为中的当事人是唯一的,并不能进行更换,如背书人在本票上所记载的"见票"字样就是无效的法律行为。

其次,见票仅指的是见票后定期付款的本票,其他种类的本票如即期付款的本票不会出现见票的法律行为。

最后,持票人向出票人提示见票的目的主要是确定该票据的到期时间。由于见票后定期付款的本票因为没有通过见票这一行为而不能确定票据的到期日,因而持票人也就无法行使自身的付款请求权。

大致而言,见票的程序包括如下几个方面。

(1)见票提示。本票持票人应该在规定时间内向出票人提示本票,请求出票人"见票"。

(2)见票记载。出票人收到持票人请求见票的要求后,就需要在本票上记载"见票"字样,同时写明见票日期,最后签名。在完成上述法律行为后,出票人需要将本票交还持票人。

(二)本票的特殊规则

由于本票的性质在很多方面与汇票都是相同的,因而为了减少法律条文的重复内容,世界上很多国家的票据法都将在实际贸易中发挥作用比较大的汇票为主进行规定。对于本票而言,票据法中通常规定的都是其与汇票不同的内容,如果与汇票内容相同,那么就适用于汇票制度的规定。

二、支票制度

(一)支票

1.支票的概念

所谓支票,即由出票人签发的,指示办理存款业务的金融机构,即付款人在见票时无条件支付确定金额给收款人或持票人的票据。① 对于这一概念,可以从以下几个层面进行理解。

首先,支票属于票据中的一种,其与汇票、本票具有同等重要的地位。相应地,本票自身的性质与票据的性质同样是十分吻合的。

其次,支票是一种委托证券,即出票人委托给付款人按照其指示的金额无条件支付给收款人或者持票人。在我国,可以充当支票付款人的金融机构必须经中国人民银行批准。也就是说,只有在中国人民银行批准之后,某一金融机构才有资格办理支票付款业务。

最后,支票是一种支付证券,付款人必须在见票后无条件支付确定金额,即见票即付。这一特点与同样是委托证券的汇票是不同的。付款人在为支票付款时不得附带任何其他条件。

2. 支票资金的关系

(1)支票资金。所谓支票资金,指的是出票人在付款人处存有一定的金钱数额,同时出票人具有处理这笔金钱的权限,这是出票人签发支票的前提条件。如果上述条件不具备,那么出票人所签发的支票将不能获得及时兑现,从而成为"空头支票"。

(2)支票合同。所谓支票合同,指的是出票人首先需要将一笔款项存入银行,然后与银行约定由自己签发支票来处理这笔款项,银行则根据出票人所签发的支票从出票人之前的存款中拨出款项兑现,上述出票人与银行之前的约定就是支票合同。在支票合同中,出票人需要承担存款到银行的义务,同时授权银行可以支付这笔存款,而银行则承担根据支票指示进行付款的义务。

3. 支票的转让

对于支票的转让,与汇票这一指定式证券一样都可以通过背书的形式进行转让。由于支票属于流通证券的一种,因此除了法律规定的或者出票人给予明确记载"禁止背书""禁止指定"等限

---

① 王卫国.商法(第 2 版)[M].北京:中央广播电视大学出版社,2008:247.

定外,可以流通和转让。对于支票背书的要件,与汇票背书是相同的,因而不再赘述。

(二)支票的特殊规则

与本票的法律规定一样,支票制度的很多法律规定与汇票制度都是相同的,因而如果再对支票制度进行详细规定,那么就会造成法律条文的烦琐与重复。因此,很多国家为了简化法律条文、避免重复,就对支票的特殊之处进行了单独规定,而对于支票与汇票相同的部分,则规定支票适用于汇票规定的条款。

第四节　票据法的应用案例

一、票据法应用案例研究(一)

(一)案例介绍

出票时间错误与票据文义性之间的关系

丙公司采取背书转让的方式转账了一张支票,这张支票的票面金额是 50 万元。在此票据行为中,出票人为甲公司、收款人为乙公司、付款人为 A 银行,出票的确定时间是 2007 年 10 月 1 日。

2007 年 10 月 10 日,丙公司向 A 银行行使了付款提示行为。此时,甲公司则向 A 银行提出了异议,因为甲公司认为 2007 年 10 月 1 日为国家法定假期,甲公司在 2007 年 9 月 30 日下午就已经放假,同时为全体员工安排了旅游度假的活动,因而根本不会在 2007 年 10 月 1 日签发这张支票,这张支票的实际签发时间是 2007 年 9 月 29 日,显然丙公司已经超过了法定的提示付款期限。为此,甲公司认为 A 银行可以拒绝向丙公司付款。为了给予更加充分的证明,甲公司将自己公司的放假通知、旅游的门票、住宿发票、公司财务人员的证词都提交给了银行。

（二）案例分析

根据我国票据法的相关规定可以得知，为了确保国内票据的安全、有效流通，维护交易双方的财产安全，也为了维护善意持票人自身的票据权利，同时还根据票据自身所具有的文义性特征，可以认定上述案例中转账支票的出票日期为 2007 年 10 月 1 日，甲公司并不能通过自己所提供的这些证明来认定该转账支票的出票日期为 2007 年 9 月 29 日。

二、票据法应用案例研究（二）

（一）案例介绍

受胁迫之票据行为的效力

2016 年 10 月 19 日，A 由于拖欠了 B 的贷款而被 B 采取非法手段拘禁起来。在 B 的威逼利诱之下，A 无奈开具了一张 10 万元的现金支票交给了 B。B 拿到支票后就立刻赶往银行兑现，不料在去银行的途中被 C 抢劫了，自己所拿的 10 万元支票也同样被 C 抢走。C 得到这张支票后就交给了 D，因为 C 在与 D 赌博时输了很多钱，所以就用这张支票抵了赌债。而 D 则又将这张支票给了 E，目的是偿还自己在 E 处的巨额贷款。最后，E 拿着这张支票去了银行，想要兑取现金，然而银行却告知 E 该支票的出票人在银行的余额不足，所以不给兑现并将该支票退给了 E。E 最后拿着这张支票找到了 A，想让 A 兑现这笔款项，然而 A 却以自己当时是在被胁迫的情况下所签发的为由，认为这张支票是无效支票，自己根本不需要承担票据债务责任。

（二）案例分析

在上述案例中，除了票据关系之外还有其他很多种法律关系。不过这里仅针对其中的票据关系展开分析。对于上述案例，E 显然是善意持票人，他在取得该支票的过程中任何行为都是合法的,并没有出现任何过错。然而,由于 A 银行账户上并没有等额的现金,所以 A 所开出的这张支票属于空头支票。出票人不得以自己受胁迫之出票为由向善意的持票人提出抗辩。

第六章 保险法的理论与应用研究

人们在社会生活中不可避免会遭遇自然灾害、意外事故以及其他一些原因带来的损失。为了最大限度地挽回损失,保险业应运而生。经过多年的发展,保险法已形成了一套较完整、系统的法律制度,并在社会生活中发挥着不可替代的作用。本章就围绕保险法的理论与应用展开研究。

第一节 保险与保险法概述

一、危险概述

所谓危险,即在特定的客观环境下,在特定期间内,某种损失发生的可能性。正是因为危险的存在及人民对危险防范的现实需求使得现代社会中必须有一系列的保障制度。当然,各种危险的存在是有一定特性的,如客观性、偶然性、损失性、普遍性等。

危险在人们的工作和生活中是每时每刻都存在的。换句话说,危险的存在和发生是不以人的主观意志为转移的,具有一定的客观性。

危险是否发生、危险发生的时间和地点、危险是如何发生的、危险造成的结果即谁来承担危险带来的损失等,这些因素都是不确定的。因此,危险是具有一定偶然性的。

危险的发生常常带来一些人身损害和财产损失。显然,危险是有损失性的。

危险还是普遍存在的,它每时每刻都存在于人们的生活中,所以我们只能正视这种事实。①

二、保险概述

(一)保险的定义

insurance 或 assurance(保险)一词源自意大利语 sigurare,意思有"担保、抵押、负担、保护"等。但是 14 世纪后期随着海上商业的发展,为了适应海上保险的需要,这一术语的意义得到了扩充,有了"保险"之意。"保险"一词最早出现在 14 世纪的意大利,那时是作为一个商业用语来用的,后来传到了英国,尔后经英国传至其他国家,后由日本传入中国。

由此可知,"保险"一词的语义从开始就没脱离权利义务的法律观念,且有着商行为的法律特点。

在汉语中,"保险"一词的基本含义完全不同于西方"保险商行为"中的"保险"。在日常生活之中,"保险"的语义为"稳妥可靠""安全"等。我们认为,英汉"保险"一词的意思之所以相差甚远,主要是因为 insurance 在汉语中很难找到一个意思能完全对应的词。美中友协主席、保险学著名学者段开玲指出,汉语中"保险"一词多是由英语翻译过来的。实际上,将 insurance 翻译成"保险"是一个错误。英语中的 insurance 和 assurance 的本义并无"险"的意思,其正确的翻译应该是"保安""保平""保障"。

总之,从字面上解释"保险"一词是不科学的。下面主要从金融和法学两个层面对保险的定义进行分析。

(1)从金融层面分析"保险"的定义。从金融层面上看,保险是指对不可预计损失重新分配的融资活动。② 保险主要涉及的是将潜在的损失转移到一个保险基金中。可以说,其集中了全部潜在损失,之后将预计损失的成本转移给全部参与者。所以,保险即将损失风险转至一个风险共担团体,之后在团体成员之中重新

① 韩长印.商法教程(2 版)[M].北京:高等教育出版社,2011:415.
② 郑玉波.保险法论[M].台北:台湾三民书局,1984:1.

分摊损失的一种经济活动。可见,保险交易的本质特点是:源于充足保险基金的财务支付能力的确定性与潜在损失的可预测性。

保险机制主要是通过向每一位参与者收取保险费用来实现对损失成本的再分配。对于保险支付者的回报,保险人给出一个承诺,即一旦有承保范围内的损失发生,保险人会予以赔付。实际上,往往只有少数被保险人会遭受一些损失。所以,保险机制就是将这一小部分人的损失,在全部缴纳保险费的成员中进行再分配。由此可见,保险是一种"社会化"的安排,借助它,被保险人将风险转给保险人以集合损失资料,这样就能用统计法预测损失,并用全部风险转移者缴纳的资金来支付损失。总而言之,保险就是用有限的力量配合他人的力量汇集成团体力量,为一些损失的发生而做的经济准备。

(2)从法学层面分析"保险"的定义。我国《保险法》第 2 条指出:"本法所称保险,是指投保人根据合同约定,向保险人支付保险费,保险人对于合同约定的可能发生的事故因其发生所造成的财产损失承担赔偿保险金责任,或者当被保险人死亡、伤残、疾病或者达到合同约定的年龄、期限等条件时承担给付保险金责任的商业保险行为。"

可见,保险法之所以保险是因为它是一种经济补偿的商行为。

从法律层面上说,"保险"是指受同类危险威胁的人为满足其成员损失补偿的需要,而组成的商务有偿性且具有独立的法律请求权的共同团体。①

(二)保险的构成要素

保险的基本原则是根据合同的属性计算,将少数人的损失分散、转移给多数人,使损失得到合理的补偿。通常,保险有如下构成要素。

---

① 樊启荣.保险法[M].北京:北京大学出版社,2011:4.

1.特定的风险

保险产生的基本要素是有特定的风险。风险即某事件发生的不确定性。当然,并不是所有风险均能可保,只有有可能引起损失且不确定发生的风险才是可保风险。

2.众人协力

集合危险、分散损失是保险的基本原理。想要确保保险制度的发挥,必须有众多社会成员购买保险,从而积累必要的保险基金。众人协力的互助共济关系是由保险公司通过分散的保险合同所组织的一种间接的互助共济关系。

3.填补损失

保险是通过集合危险并分散损失的一种方式,其可以使保险事故发生的当事人遭受的损失得到合理、充分的经济补偿。

三、保险法概述

(一)保险法的定义

概括来说,保险法就是以保险关系为调整对象的法律。保险法有广义和狭义之分。广义上的保险法是指调整保险关系的一切法律规范的总称,其既包括属于民商法范畴的保险合同法与保险特别法,又涵盖属于行政法范畴的保险业法与社会保障法。狭义层面上的保险法即保险合同法。广义上的保险法既包括保险公法,又包括保险私法。

通常,广义层面的保险法主要包括保险合同法、保险特别法和保险业法。其中,保险合同法也称"保险契约法",它是构成保险法的核心内容。一部正规的保险法典可以没有保险业法的有关规定,但不可以没有保险合同的相关规范。保险特别法就是除保险合同法以外,规范于民商法中关于保险关系的条文。保险业法也称"保险事业法""保险事业监督法",它是国家对保险业进行监督与管理的一种强制法。[①]

(二)保险法的特点

基于保险法规范对象的特殊性,保险法出现了不同于其他法律的特点。

1.社会性

保险法的社会性指的是保险业的社会责任或公共性。保险法的社会性是修正保险业等大企业过分的盈利性而做的一项努力。同一般的企业相比,保险法的社会性主要体现在下面五个方面。

第一,因保险技术上的特点而产生的团体性、集体性及寿险的长期性。

第二,对保险人、被保险人来说,保险保障的偶然事故多数为他们将来的不幸遭遇。

第三,保险是金融业的一环,其在维持市场经济秩序中扮演着重要角色。

第四,保险资金用于投资公益事业。

第五,保险有节省货币准备的特点。

2.强制性与任意性

法律法规按照其效力一般可以分为强制性规定和任意性规定两种。其中,强制性规定通常是有关合乎公众的利益的,其效力是不可变更或限制的。任意性规则的效力仅仅是当事人意思的补充,当事人可通过约定变更效力。

3.伦理性

保险契约也称"最大善意契约"。保险契约这一善意要求决定调整保险关系的保险法有善意性,即伦理性。

---

① 覃有土.商法概论[M].武汉:武汉大学出版社,2010:377—378.

4.技术性

因为各种风险是保险业经营的对象,所以其在技术上有一定的要求。在一定时间里,保险人收取的保险费用总量必须将要出现的危险损失赔偿达到一种平衡,这就需要以风险损失为基础,建立符合保险经营原理、保证保险人财政稳定的数学模型。在保险法中,通常都有有关保险费率厘定、保险事故损失计算及保险赔款计算等规定。种种规定就体现了其技术性。

5.国际性

英国著名学者施米托夫认为:"没有哪个国家将商法完全纳入国际法中。即便在这一时期,商法的国际性痕迹仍存在"。由于保险企业有着国际性的商业,所以各国保险法不可各自为政,否则保险企业则一定会受到它的制约,因此保险法渐渐成了国际性的法律,且具有全世界统一的趋势。

四、保险法的地位

在传统意义上,保险法是一种私法,其与民商法有着密切关系,受民商合一还是民商分立的立法体例影响极大。通常,在民商合一的国家,保险法是一种特别的民事法,所以民法与保险法之间有着普通法与特别法的关系。也就是说,只要是保险法中没有明确规定的,都应适用民法中的相应规定。但保险法在民法典中的位置并不同,一些国家将其置于债篇的"合同"中的"各类合同"中,如《意大利民法典》将保险置于第四编"债"之第三章"各类契约"的第二十节"保险"。一些国家则在民法典外颁行单行的保险法。对于民商分离的一些国家,保险法被纳入商法典之中,从这一层面说保险法是一种调整商业保险关系,规范商业保险行为的商事法,保险在商法中的位置被放在"商行为"篇之中。

对于保险法的范围是否涉及保险,这曾是一个有争议的问题。各个国家的保险法都将适用于商业保险,而社会保险是由国家另外制定的法律。在对立法进行归类的过程中,一般不将社会保险立法归为保险法的一类。

对于商业保险与社会保险的关系，我国主要是坚持以分类法为原则来解决的。1995 年颁布并实施的《中华人民共和国保险法》第 2 条将"保险"界定为"商业保险行为"。2010 年颁布了《中华人民共和国社会保险法》。

五、保险法的原则

（一）保险与防灾防损相结合的原则

保险不仅仅是一种灾后补偿的消极行为，其还有防灾防损的积极意义。面对着众多的、随时随地都可能发生的、各种无法预料的且不可避免的意外事故和自然灾害等这些灾后和事故发生之后，用经济进行补偿显然是一种消极手段，也无法从根本上解决问题。因此，在推行保险事业的同时，还应认真做好防灾防损的工作，尽可能使这些灾害或事故消灭于未然。

（二）诚信原则

诚信原则的基本精神是要求当事人在主张自身权利的同时承认对方的权利，当自己出现一些错误、遗漏等问题时，必须承担相应的法律责任。诚信原则原本是民商法制度中的最基本的一项原则，其适用于民事和商事活动中的所有订约、履约、解释合同内容、接触法律关系、追究违约责任和侵权责任等行为。另外，诚信原则也是合同法具体制度的核心，因为保险活动常常涉及转移风险、承接风险的特殊交易，其行为方式与后果不同于普通合同行为，所以保险法的最大诚信原则要比民商法的诚信原则的要求更高，除了体现公平、等价交易等原则以外，还突出三种义务：告知义务、禁止反言义务和保证义务。

（三）守法原则

守法原则是每一位保险人和投保人都要遵守的行为准则，也是保险业监管机关与其他中介机构的行为准则。由于保险活动是一种金融活动,所以必须严格地遵守一些规则以减少纠纷的发生,从而更好地维护当事人双方的权益。守法原则要求在订立、履行、变更、解除保险合同时也要遵守保险法的有关规定,以及在设立、变更与终止保险业主体时的各个环节均严格遵守保险法的规定,这样不仅利于平衡当事人双方的利益,而且利于国家对保险市场的监督与维护。

(四)保险利益原则

保险法规定保险合同的效力一定要以保险利益的存在为基础,保险利益是投保人与受益人对保险标的具有法定利害关系的利益,且能通过金钱给付确定的利益。如果一份保险合同中的投保人与被保险标的不存在保险利益,从逻辑上看没有投保人投保的动机,那么就只能认为投保人存在不可告人的目的,可能在利用投保进行一些财产保险欺诈或加害被保险人,出现或诱发道德风险。历经数百年的保险实践最终可以得出,保险必须在保险利益的平台之上才可能正常进行。

(五)公平竞争原则

公平竞争原则是守法原则的一种补充,其也是对守法原则的具体化,通常表现为对保险业主体提出的行业竞争要求。在市场经济条件下,不管是买方或卖方、接受服务还是提供服务,他们的法律的地位均是平等的,没有法外优先权,不可以借助不正当的手段获得或强占市场份额。

(六)损害赔偿原则

当被保险人因为保险事故而遭受损失时,应该按照合同先前的约定得到相应赔偿,这种赔偿是对财产与约定人身损害的恢复性补偿,有权利义务性质,按照财产法的基本原则,一物一主,财物遭受损失必须有人承担责任,保险是一种转移风险的法律活动,其赔付既不是侵权赔偿,也不是违约不就,而是惩戒他人风险的责任,所以这时的损害必须是财产的实际损失。

(七)近因原则

保险事故的发生和损失结构的出现一定有直接的因果关系，保险人对损失有补偿责任。近因并不是时间上与损失的原因最接近，而是直接造成结果的原因，效果上有支配力或有效的原因。通常而言，认定近因主要可通过下面两种方法。

(1)从一系列事件上的首个事件开始，认真考虑一下，合乎逻辑的发展的下一个事件可能是什么，如果答案将我们从第一个事件依次引向下一个事件，直到最终事件，那么首个事件就是最后一个事件的近因。

(2)从损失开始，逆着一系列事件的方向，在这些事件的每个环节上均要问自己："为什么这件事会发生？"只要这一系列事件不中断，那么就可以追溯到最初事件。

(八)保险代位求偿原则

在法律上，代位是指一个主体取代另一个主体法律地位行使权利，主要包括法定代位制度与授权代位制度，保险代位求偿就是一种授权代为行使权利的制度。

第二节　保险合同法律制度

一、保险合同概述

合同也称"契约"，是指当事人之间有关确立、变更和终止民事法律关系的一种协议。事实上，保险合同是合同的一种，是保险与投保人之间有关承担风险的一种民事法律关系。根据保险合同，投保人要向保险人交付约定的保险费用，保险人则要在约定的保险实务发生或约定的人身保险事件出现时，履行给付保险赔偿或保险金的义务。该定义是就自愿保险而言的，但在该定义中除了自愿协商这一因素以外，其他的基本都适用于强制保险。

保险合同始终是有偿的。但从投保人所获得的保障看,保险合同具有两种性质:补偿性和给付性。对于补偿性的保险合同,一旦被保险人遭受投保范围中包括的一定损失,保险人就要在事故发生后给予赔偿。补偿性合同囊括各种财产保险合同。对于给付性的保险合同,一旦被保险人遭受了合同中订立的事故,保险人就要履行给付的义务。

二、保险合同的分类

(一)财产保险合同与人身保险合同

财产保险合同和人身保险合同是以保险标的性质为标准进行的分类。保险标的即作为保险对象的财产及有关利益或人的寿命和身体。然而,现代保险的标的不仅以有形财产与人身为限,各种无形的权利及责任也包括于保险标的范围内。因此,按照保险标的不同进行分类,保险分为人身保险、财产保险和无形利益保险三种。因为各种无形利益和责任均与人身、财产有着直接或间接的联系,所以根据这种分类标准,通常仅分为两大类:人身保险和财产保险。

人身保险合同是一种以人的声明和身体为保险标的保险合同,其可以进一步分为健康保险、意外伤害保险和人寿保险等。

财产保险合同就是一种以财产及相关利益为保险标的保险合同,其可以进一步分为责任保险、财产损失保险和信用保险等。

(二)补偿性保险合同与定额性保险合同

补偿性保险合同和定额性保险合同是根据保险金额的给付性质进行分类的。

补偿性保险合同也称"评价保险合同",是一种在发生危险事故之后,由保险人评定被保险人的实际损失并支付保险金的合同。补偿性保险合同中的经济补偿需要具备两个条件。

(1)合同定了之后要有保险事故发生,且要造成被保险人经济损失时才可能获得。

（2）保险人的主要责任是以赔偿被保险人的实际损失为限度且不可超过保险金额。

所谓定额保险合同，是指一种合同当事人双方实现协议一定数目的保险金额，直到危险事物发生，由保险人根据金额付给负责人的合同。多数人身保险合同均属于定额性保险合同。

补偿性保险合同与定额性保险合同的分类之实益，主要是是否适用损害填补原则。当保险事故发生之后，保险人或被保险人仅仅按其实际的损害请求保险人加以赔偿，不可以获得超出损害的其他利益，这就是所谓的损害填补原则。财产保险合同主要以保险损害填补为基础，以补偿被保险人发生的财产损失或经济损失为唯一目的，完全符合损害填补原则。换句话说，财产保险合同完全是为了填补损害而出现的一种合同形式。对人身保险合同来说，填补损害原则没有任何价值，其在理论与实务上都没有完全取得一致。然而，现代保险理论与实务普遍认为，从原则上看人身保险合同并不以补偿保险人的人身遭受的实际损害为目的。

（三）为自己利益保险合同、为他人利益保险合同与为自己利益兼为他人利益保险合同

所谓为自己利益保险合同，即投保人用自己的名义，为自己的利益订立的保险合同。

为他人利益保险合同，是指投保人用自己的名义，为他人的利益而订立的保险合同。

为自己利益兼为他人利益保险合同，是指投保人用自己名义，为自己与他人的利益所订立的保险合同。

三、保险合同中的当事人和关系人

保险合同的当事人主要指投保人和保险人。其中，投保人又称"要保人""保单持有人"，即与保险人订立保险合同，并按合同约定负有支付保险费义务的人。保险人也称"承保人"，即与投保人订立保险合同，且按合同约定承担赔偿或给付保险金责任的组织。

保险合同的关系人主要指被保险人和受益人。被保险人就是财产或人身受益保险合同保证,享有保险金请求权的人。被保险人是保险事故发生时遭受损失的人,是享有赔偿请求权的人,可以是投保人也可以是第三人,其资格没有严格限制。受益人也称"保险金受领人",即人身保险合同中由被保险人或投保人指定的享有保险金的请求人。

四、保险合同订立的基本程序

作为一种商事合同,保险合同订立的基本条件为:双方当事人要在意思自治的基础上达成共识。但是,在双方达成共识的基础上,保险合同又有着一定的特点。通常,保险合同的订立程序主要涉及如下方面。

(一)保险人提出保险要求

投保人提出保险要求,这一环节就是作出订立保险合同的要约。投保人通常包括有民事权利能力与行为能力的法人、自然人及其他组织。保险人既可以是经营主体,又可以是非经营主体。保险人提出的一些保险要求是以订立合同为目的的意思表示,其方式有很多种,如发投保函、填投保单、电话洽谈或当面接洽等。

(二)保险人同意承保

投保人同意承保,此一环节即作出订立保险合同的承诺。保险人向投保人提出一些保险要求,经过逐一审查,愿意接受投保人的保险要求并表示同意的,就说明保险人同意投保人所提的要约条件。从理论上讲,一旦保险人表示同意并给出承诺,合同就为成立。同意承保的方式也有很多种,如保险人用言词或书信表示同意,或是保险人将保险费收据交付投保人表示同意等。

(三)保险人与投保人就合同条款达成协议

通常,订立保险合同的过程也就是投保人与保险人就保险合同中的条款不断进行协商的过程。只有投保人与保险人双方就意见达成共识,并作出意思表示,保险合同才依法成立。

(四)投保单、保险单或其他保险凭证是大多数保险合同订立的必要形式

大多数保险合同的定义都要以投保人填写投保单的形式来表示。因此,保险合同成立的证明文件多为投保单、保险单及其他保险凭证或文件等。

投保单也称"要保书""投保书",是投保人向保险人申请订立保险合同的一种要约。一般而言,投保单需要由保险人事先制作好,并印制成标准的格式。保险单要包括与保险当事人及保险标的相关条目,具体条款一般不需印制。

保险单简称"保单",是保险双方当事人就保险合同条款达成共识之后,保险人向投保人签发的证明保险合同成立的一种正式的书面凭证。保单中要包括保险合同的全部内容。当保险合同成立以后,保单就是投保人与保险人权利、义务的重要依据,也是事故发生之后被保险人、受益人获得赔偿的主要凭证。[①]

五、保险合同的内容

(一)保险条款的特点与分类

1. 保险合同条款的特点

(1)保险条款是由一般保险人单方面制定的。

(2)保险条款规定的是有险种的最基本事项。

(3)保险合同成立之后,保险条款对投保人与保险人双方均有法律约束力。

2. 保险合同条款的分类

保险合同中的条款可以分为不同种类。

---

① 范健.商法(4版)[M].北京:高等教育出版社,2011:483-484.

（1）基本条款与附加条款

基本条款又称"普通条款"，即保险人在准备或印制的保险单上，按照不同的险种来规定有关保险合同当事人双方权利与义务的基本事项。附加条款也称"单项条款"，即保险合同当事人双方在基本条款基础之上附加的、用来扩大或限制基本条款之中的权利与义务的补充条款。

在具体的保险实务之中，通常将基本条款规定的保险人承担的危险称为"基本险"，将附加条款规定的保险人承保的危险称为"附加险"。这种特殊的保险条款构成，决定了投保人只有在投保基本险的基础之上，才能投附加险，而不可单独投附加险。

（2）法定条款与任意条款

所谓法定条款，即根据法律必须而明确规定的条款。与法定条款相对应的是任意条款。任意条款也称"任选条款"，即由保险合同当事人自由选择的条款。①

（二）保险合同中的基本条款

1. 当事人的姓名、住所

合同订立之后，相关保险费用的请求支付、危险增加的通知、危险发生原因的调查、保险金的给付等相关事项，均与当事人及其住所相关。因为保单是保险人事先拟定好的，均印有保险人的名称与地点，所以保单上应填明投保人的姓名及住所，但在有些保险利益可以随保险标的的转让而转给受让人的运输货物保险合同之中，投保人在填写自己的姓名时，可以标上"或其他指定人"字样，该保单可以由保险人背书转让。当然，有些保险合同的保单也可以用无记名式，随着保险获取的转移而转给第三方。

如果保险合同中还包括被保险人或受益人，那么也要记明他们的姓名。

---

① 王保树.商法（2 版）[M].北京:高等教育出版社,2014:483—484.

2.保险标的

保险标的又称"保险客体",明确地记载表现标的目的是判断投保人对保险标的有无保险利益,明确保险金额及保险人要承担保险责任的范围。

3.保险金额

保险金额简称"保额",即保险人承担赔偿或给付保险金责任的最高限额。对于定值保险,保险金额是双方约定的保险标的价值。对于不定值保险,保险金额的确定需要采用如下三种方式。

(1)投保人根据保险标的实际价值进行确定。

(2)投保人与保险人根据保险标的实际情况加以确定。

(3)根据投保人会计账目最近的账面价值来确定。

4.保险责任

所谓保险责任,即在保单上载明的危险发生造成保险标的损失或约定人身保险事件出现时,保险人要承担的赔偿或给付的责任,一般包括两部分责任:基本责任和特约责任。其中的基本责任主要是针对基本险的,特约责任则是针对附加险或特保危险的。

5.保险期间

保险期间也称"保险期限",即保险合同的有效期限。对保险合同有效期限的计算,一般可以运用两种方法。

(1)用年、月计算。

(2)以事件的始末为保险期限。

6.保险费和保险费率

保险费也称"保费",即投保人为了换取保险人承担威胁赔偿责任的对价。

保险费率即每一保险金额所要支付的对价比率,一般用百分率或千分率表示。

7.除外责任

所谓除外责任,是指根据法律或合同的相关规定,保险人不负有赔偿责任的范围。

8.保险金赔偿或给付办法

保险金赔偿或给付办法,需要在保险合同中有明确规定,目的是增强其严肃性。

9.违约责任与争议处理

所谓违约责任,即合同当事人因为过错导致的合同不能履行或不能完全履行时,基于法律规定或合同约定所要承担的法律后果。

所谓争议处理,即保险合同发生纠纷之后的解决方式,通常包括三种:协商、仲裁和诉讼。

10.订约的时间与地点

保险合同中还必须写明约定的时间,且必须具体。

11.其他有关约定

所谓其他有关约定,即为了使与保险标的有关联的利益可以得到充分保障,要避免因为保险而产生的消极影响,要在保险条款中明确各项规定。[①]

六、保险合同的履行

(一)通知与索赔

1.通知保险人

当投保人、被保人获知发生了保险事故时,必须立即通知保

---

① 　王保树.商法(2 版)[M].北京:高等教育出版社,2014:395-397.

险人,以便能对损失现场和事故发生的原因等进行及时的调查。

2.提交相关证明文件

当保险事故发生以后,投保人或受益人若要根据保险合同请求保险人赔偿或给付保险金时,必须向保险人提供和确认保险事故的性质、原因、损失情况等相关证明和材料。保险人根据保险合同中的有关约定,认为被保险人或受益人提供的有关文件或资料不完整的,就要通知投保人或受益人补充相关文件或材料。

3.提出索赔

被保险人或受益人应该及时地向保险人提出索赔要求。索赔的时效通常有两种:人寿保险的被保险人或受益人行使保险金给付请求权的诉讼时效期限是 5 年;人寿保险以外的其他保险的被保险人或受益人行使保险金赔偿或给付请求权的诉讼时效是 2 年,超出了索赔时效的请求是不受法律保护的。

(二)理赔

1.理赔的法律性质

当保险人收到被保险人或受益人的赔偿或给付请求之后,要及时进行核定,对于属于保险责任的,在与被保险人或受益人达成相关赔偿或给付金额的协议之后的 10 日内,履行赔偿或给付保险金义务。保险合同对保险金额及赔偿或给付期限有约定的,保险人要依照保险合同的相关约定,履行赔偿或给付保险金的义务。

2.先予支付

所谓先予支付,即保险人从收到赔偿或给付保险金的请求与相关证明、资料起的 60 日之内,对保险事故赔偿或给付保险金的数额无法确定的,要根据已有的证明、资料可以确定的最低数额先进行支付,待最终确定赔偿或给付保险金额之后,保险人要支付差额。

3.拒绝理赔

所谓拒绝理赔,即保险人受到保险人或受益人的赔偿或给付保险金请求之后,对不属于保险责任范围的,要向被保险人或受益人发出拒绝赔偿或拒绝给付的通知书。

4.违反理赔义务的责任

对于保险人没有及时履行理赔义务的,除了支付保险金之外,还要赔偿被保险人或受益人因此而遭受的损失,如利息、诉讼费、差旅费、联络费等。[①]

(三)解释说明

保险合同签订之后,当事人在主张权利与履行义务的过程中,常常会对合同中的一些语言产生异议,甚至引起仲裁或者诉讼等,进而影响合同的履行。为了正确地判断当事人的真实目的,维护当事人双方的权益,准确地处理保险纠纷,就要对保险合同进行解释说明。

一旦保险合同的双方当事人对合同内容产生了争议,就要从诚实信用和公平原则出发,综合分析合同的性质、特点、目的、内容等因素,了解当事人的真实意图,明确是否需要承担责任。

(四)竞合

保险竞合是指两个以上的投保人、保险利益、保险标的物、保险事故不完全相同的保险合同,制定同一人为被保险人,因为这些保险合同有理赔上的重叠性,在发生保险事故时,上述保险人对同一保险事故造成的同一保险标的物的损失,均要向被保险人承担赔偿责任的情况。

通常,保险竞合会出现在两种情况中。

---

① 王卫国.商法(2版)[M].北京:中央广播电视大学出版社,2008:333—334.

（1）投保人以自身为被保险人投保两个以上种类的不同保险。

（2）不同的投保人投保不同种类的保险，在保险事故发生时致使两个以上的保险人对同一保险事故所致同一险标的物的损失均应对同一人负有赔偿责任。

对于保险竞合的处理，通常依靠保险合同中对保险竞合的特别约定条款进行解决，具体有三种情况。

（1）溢额保险条款。溢额保险条款就是当保险事故造成损失，如果在本保险合同以外，还有其他保险合同承担了这一损失时，本保险合同的保险人将对全部损失的总金额扣除其他保险人应承担的保险金额后的余额部分承担给付保险金的责任。

（2）不负责任条款。不负责任条款即约定当保险事故带来一定损失，如果在本保险合同以外，还存在其他保险合同承担保险的损失时，本保险合同的保险人就不用承担给付保险金的责任。

（3）按比例分摊条款。按比例分摊条款即当保险事故带来一定损失，如果在本保险合同以外，还有其他保险合同承担这一损失时，本保险合同的保险人只需按照自身承保的保险金额与所有各保险人所承保的保险金额总额的比例来承担给付保险金的责任。

七、保险合同的变更、解除和终止

保险合同的变更即保险合同在其有效期内，因为订立合同时的条件发生变化，合同当事人按法律规定的条件和程序，对原合同的某些条款进行的修改或补充，进而使合同的主体、内容或效力发生了变化。

保险合同的变更一般有两个方面：主体变更、内容变更。其中，保险合同主体变更即合同中的投保人、被保险人、受益人的变更，其标的没有发生变化，一般不涉及保险人的变更。保险合同的内容变更及合同中约定的事项，如保险金额、保险期间等的变更。保险合同的变更并不是随意进行的，而是要依照一定的程序：一是必须经过投保人和保险人的协商同意；二是按照法定形式进行变更。

保险合同的解除即有合同解除权的一方向另一方提出解除合同的意思表示,使已经生效的合同在有效期还没有满之前不再具有法律约束力的行为。解除保险合同是法律赋予投保人的一种权利。

保险合同的终止即因为法定或约定事由的发生,保险合同的法律效力完全消灭的法律事实。一般来说,致使保险合同终止的原因有三个:第一,保险合同期间届满;第二,保险事故发生,保险人已经支付了全部保险金;第三,保险标的非因保险事故而全部灭失,保险合同失去了保险标的。

第三节　保险业法律制度研究

一、保险公司的设立和业务

保险公司即经中国保险监督管理委员会批准,符合法定的资本条件、从业人员条件及其他条件,按照法定程序登记成立的企业法人。保险公司的设立及业务范围都是有相关条件和范围的,下面主要就这两个问题展开探究。

(一)保险公司设立的条件及程序

1.保险公司设立的条件

(1)得到监管部门的批准。我国的保险法规定,保险公司应该采取股份有限公司或国有独资公司的形式。

(2)有一定的资本条件。保险公司为了确保其赔付能力,需要具备一定的资本金条件。对于全国性的保险公司,实收货币资本金不能低于5亿元人民币。对于区域性的保险公司,实收货币资金不可低于2亿元人民币。对于一些分公司,其营运资金不可低于5 000万元人民币。保险公司成立之后必须按照其注册资本金总额的 20% 提取保证金,存入中国保险监督委员会所指定的银行。这些保证金除了用于清偿债务,没有中国保险监督委员会的批准,不可擅自动用。

(3)从业人员需要具备一定条件。保险公司的董事长、总经理和高管人员必须符合中国保险监督委员会规定的任职资格。设立经营寿险业务的全国性的保险公司,至少有 3 名经中国保险监督委员会认可的精算人员。经营寿险业务的区域性保险公司,至少有 1 名经中国保险监督委员会认可的精算人员。

(4)中国保险监督委员会要求具备的其他条件。[①]

2.保险公司设立的程序

要设立保险公司,必须向国务院保险监督管理机构提出书面申请,并提交如下材料。

(1)设立申请书,并载明拟设立的保险公司的名称、注册资本、业务范围等。

(2)研究报告。

(3)筹建方案。

(4)营业执照或其他相关背景资料,由会计师事务所审计的上一年度的财务会计报告。

(5)获投资人认可的筹备组负责人和拟任董事长、经理名单及本人认可证明。

(6)国务院保险监督管理机构要求提供的其他材料。[②]

(二)保险公司的主要业务

人身保险主要包括如下业务。

(1)个人意外伤害险,指的是投保人向保险公司缴纳一定金额的保费,当被保人在保险期限内遭受意外伤害,并以此为直接原因造成死亡或者残废时,保险公司按照保险合同向保险人或者受益人支付一定数量保险金的保险。

---

① 王卫国.商法(2 版)[M].北京:中央广播电视大学出版社,2008:349—350.
② 范健,王建文.商法学(4 版)[M].北京:法律出版社,2015:493.

（2）个人定期死亡险，指的是保险人在保险期内死亡的险种。这种保险适合收入较低而急需较高保险金额的人购买，通常作为终生寿险或两全保险的补充，可以用作贷款的担保手段。

（3）个人两全寿险指的是生死两全，也就是保险满期生存可以领取生存利益，不幸身故可以享受理赔金额。

（4）个人终身寿险指的是以被保人的一生作为保险标的的保险类型。

（5）个人年金保险也称为"单生年金保险"，是指以一个被保险人生存作为给付条件的年金。

（6）个人短期健康险是指保险期限为一年以内（包括一年）的健康保险。

（7）个人长期健康险是指保险期间超过一年或者保险期间虽不超过一年但含有保证续保条款的健康保险。

（8）团体意外伤害险是以团体方式投保的人身意外保险，而其保险责任、给付方式则与个人意外伤害保险相同。

（9）团体定期寿险是指以经过选择的团体中的员工为被保险人，团体或团体雇主作为投保人，保险期间为一年的死亡保险。

（10）团体终身保险是指以团体或其雇主为投保人，团体员工为被保险人，一旦被保险人死亡，由保险人负责给付死亡保险金的一种保险产品。

（11）团体年金险是以团体方式投保的年金保险。团体年金保险合同由团体与保险人签订，被保险人只领取保险凭证，保险费由团体和被保险人共同缴纳或主要由团体缴纳。

（12）中国保险监督委员会批准的其他保险业务。

（13）上述保险业务的再保险业务。

财产保险主要包括如下业务。

（1）企业财产损失险是一切工商、建筑、交通运输、饮食服务行业、国家机关、社会团体等，对因火灾及保险单中列明的各种自然灾害和意外事故引起的保险标的的直接损失、从属或后果损失和与之相关联的费用损失提供经济补偿的财产保险。

（2）家庭财产损失险是个人和家庭投保的最主要险种。凡存放、座落在保险单列明的地址,属于被保险人自有的家庭财产,都可以向保险人投保家庭财产保险。

（3）建筑工程险对建筑工程、安装工程及各种机器设备因自然灾害和意外事故造成物质财产损失和第三者责任进行赔偿的保险。它是以各种工程项目为主要承保对象的保险。工程保险是财产保险的引申和发展,它起源于英国,在第二次世界大战后迅速发展起来,已被公认为保障建筑工程质量和安全最为有效的方式之一。

（4）安装工程险的标的范围很广,但与建筑工程险一样,也可分为物质财产本身和第三者责任两类。其中,物质财产本身包括安装项目、土木建筑工程项目、场地清理费、所有人或承包人在工地上的其他财产;第三者责任则是指在保险有效期内,因在工地发生意外事故造成工地及邻近地区的第三者人身伤亡或财产损失,依法应由被保险人承担的赔偿责任和因此而支付的诉讼费及经保险人书面同意的其他费用。

（5）货物运输险是以运输途中的货物作为保险标的,保险人对由自然灾害和意外事故造成的货物损失负责赔偿责任的保险。

（6）机动车辆险即"车险",是以机动车辆本身及其第三者责任等为保险标的的一种运输工具保险。

（7）船舶险是以各种类型船舶为保险标的,承保其在海上航行或者在港内停泊时,遭到的因自然灾害和意外事故所造成的全部或部分损失及可能引起的责任赔偿。

（8）飞机险也叫"航空保险",是一种运输工具保险,是以飞机机身财产及机上责任、第三者责任等为保险标的的一种航空保险,是财产保险的一种（航空保险本身是财产保险的一类）。

（9）航天险是指保险人对火箭和各种航天器在制造、发射和在轨运行中可能出现的各利风险造成的财产损失和人身伤亡给予保险赔付的一种保险。

（10）核电站险指核电站责任保险和财产保险。

（11）法定责任险是指被保险人依法应对第三人负赔偿责任,在第三人向被保险人提出赔偿时,保险人负赔偿之责的保险合同。

(12)保证险承保的也是信用风险,它是被保证人根据权利人的要求投保自己信用的一种保险。

(13)信用险是指权利人向保险人投保债务人的信用风险的一种保险,是一项企业用于风险管理的保险产品。

(14)种植业险是指以农作物及林木为保险标的的保险类型。

(15)养殖业险指以各种处于养殖过程中的动物为保险标的、以养殖过程中可能遭遇的某些危险为承保责任的保险。

(16)中国保险监督委员会的其他保险业务。

(17)上述保险业务的再保险业务。

再保险主要包括如下业务。

(1)接受人身保险公司的再保险分出业务。

(2)接受财产保险公司的再保险分出业务。

(3)中国保险监督委员会批准接受境内保险公司的法定分保业务。

(4)办理转分保业务。

(5)经营国际再保险业务。

二、保险公司偿付能力的管理规则

保险公司的偿付能力即保险公司承担保险责任,履行赔偿或给付保险金义务的能力。为了确保保险公司有足够的偿付能力来承担赔偿或保险金给付的责任,使其可以稳健经营,保护股东与债权人的利益,各国保险法均对保险公司的偿付能力管理作了规定。

三、保险公司的经营管理规则

(一)强制再保险规则

为保证保险公司的财政稳定和偿付能力,各国的保险法都有相关规定,即保险公司的每一笔业务或每一个危险单位的最高自留额不可超出公司资本与公积金之和的一定比例,否则必须进行再保险。

(二)资金运用规则

保险公司的资金运用一定要稳健,以安全为宗旨。保险公司的资金运用主要有四种形式:银行存款,买卖债券、股票、证券投资基金份额等有价证券,投资不动产,国务院规定的其他资金运用形式。

(三)其他经营管理规则

保险公司应该按国务院保险监督管理机构的有关规定,建立起对关联交易的管理与信息披露制度。保险公司的控股股东、实际控制人、董事、监事、高级管理者不可利用关联交易损害公司利益。

保险公司要按国务院保险监督管理机构的有关规定,准确、完整、真实地披露财务会计报告、风险管理状况、保险产品经营情况等事项。

保险公司中的销售人员要具备国务院保险监督管理机构规定的资质条件,获得过保险监督管理机构承认的资格证书。

保险公司要建立保险代理人登记管理制度,加强对保险代理人的培训与管理。

保险公司及下属机构要依法使用经营保险业务的许可证,不可转让、出借、出租保险业务的许可证。

保险公司要按国务院保险监督管理机构的相关规定,公平、合理地拟订保险条款与保险费率,不可损害投保人、被保险人与受益人的合法权益。

保险公司开展的各项业务,要遵循公平竞争原则。

(四)保险公司及其工作人员的禁止性行为

保险公司及其工作人员在工作中不可有以下行为。

(1)保险公司及工作人员不可欺骗投保人、被保险人或受益人。

（2）保险公司及工作人员不可对投保人隐瞒与保险合同相关的重要情况。

（3）保险公司及工作人员不可阻碍投保人履行本法规定的如实告知义务。

（4）保险公司及工作人员不可给予或承诺给予投保人、被保险人、受益人合同约定之外的保险费回扣或其他利益。

（5）保险公司及工作人员不可不依法履行保险合同中约定的赔偿或给付保险金的义务。

（6）保险公司及工作人员不可故意编造一些没发生的保险事故、虚构保险合同或故意夸大已经发生的保险事故的损失程度以获得虚假赔偿。

（7）保险公司及工作人员不可擅自挪用、截留或侵占保险费用。

（8）保险公司及工作人员不可委托没取得合法资格的机构或个人从事保险销售活动。

（9）保险公司及工作人员不可利用开展保险业务为其他机构或个人谋取不正当的利益。

（10）保险公司及工作人员不可利用保险经纪人、代理人或评估机构，从事以虚构保险中介业务或编造退保等方式套取费用等违法活动。

（11）保险公司及工作人员不可用捏造、散布虚假事实的方式损害竞争对手的信誉，或用不正当手段扰乱保险市场的秩序。

（12）保险公司及工作人员不可泄露有关投保人、被保险人的商业机密。

（13）保险公司及工作人员不可违反法律、行政法规与国务院保险监督管理机构规定的其他行为。

四、保险公司的监督管理

保险业的监督管理，简称"保险监管"，即国家保险性质管理部门跟进有关法律法规规定，对保险业务的经营机构及保险市场进行的审批、监督、检查的法律调整行为。

保险业的监督管理主要侧重如下两个方面。

(1)监管保险条款与保险费率。

(2)监管保险公司的偿付能力。

国务院的保险监管机构对于保险公司主要有下面几个监管职责。

(1)对保险公司进行整顿。

(2)对保险公司进行接管。

(3)撤销保险公司并依照法律进行清算。

(4)要求保险公司的股东、实际控制人提供相关信息和资料。

(5)对保险公司的股东、董事、监事及高管的监管职责。

具体而言,国务院保险监管机构对保险公司的监管工作可以采用如下措施。

(1)对保险公司、保险代理人、保险经纪人、保险资产管理公司、外国保险机构的代表机构进行现场查勘,但需要由保险监管机构的负责人进行审批。

(2)到违法行为发生的现场进行调查取证,当然,也需要由保险监管机构的负责人进行审批。

(3)询问当事人及与被调查事件相关的单位和个人,要求其对于被调查事件相关的事项作出说明。

(4)查阅、复制与被调查事件相关的财产权登记等材料。

(5)查阅、复制保险公司、保险代理人、保险资产管理公司、外国保险机构的代表机构及与被调查事件相关的单位与个人的财务会计资料及其他有关文件与资料。对可能被转移、隐匿或毁损的文件与资料予以封存。同样,在实施这些措施前也要有保险监管机构负责人的审批。

(6)查询涉嫌违法经营的保险公司、保险代理人、保险经纪人、保险资产管理公司、外国保险机构的代表机构及与涉嫌违法事项有关的单位和个人的银行账户,但要获得国务院保险监督管理机构负责人的批准。

(7)对于有证据证明已经或可能转移、隐匿违法资金等涉案财产或隐匿、伪造、毁损重要证据的,经保险监督管理机构的主要负责人批准,申请人民法院予以冻结或查封。

第四节 保险法的应用案例

2015 年 9 月 1 日,某保险公司与某纸业公司签订了一份保险合同。双方约定如下。(1)保险公司为纸业公司的 100 名职工分别办理家庭财产综合保险,保险期限为 1 年。(2)纸业公司以保险储金形式支付保险费。(3)保险公司以固定赔付率对纸业公司承担责任,并在纸业公司向其交足保险储金时,保险公司先行给付纸业公司约定赔付率的赔款,合同期满时,保险公司要将保险储金及剩余赔付率的款项一并返还给纸业公司。

合同签订之后,纸业公司按照约定在保险公司为 100 名职工家庭办理了财产综合保险投保的手续,同时保险公司向纸业公司签发了保险单,保单的具体内容为:纸业公司是投保人,纸业公司的 100 人是被保险人,每人的保险费为 2 000 元,保险费以保险储金形式一次性交付给保险公司 20 万元,保险期限为 1 年。自此,保险公司就要以固定的赔付率对纸业公司承担责任,该固定赔付率按照所交保险储金的 20% 确定,即保险赔款总计为 4 万元。保险合同签订时,纸业公司按照约定获得保险公司支付的先行赔款 5 000 元。

合同期满之后,纸业公司要求将保险储金及剩余赔付率的款项一并退还,但保险公司不认为这是保险,只同意返还保险储金减去已支付的赔款的差额部分,双方协商未果,纸业公司向法院起诉了保险公司,并要求退还 20 万元保险储金并支付 3.5 万元剩余赔付款。

一审法院经审理后最终认为:保险公司与职业公司之间确定的并不是保险合同关系,而是借贷关系。因为双方保险合同中约定的保险事故不符合法律规定和保险原理。保险以不确定事故或危险的发生为前提,保险期间内无保险事故发生,保险人不承担赔付责任。①

案例分析：这是一则有关保险法律关系认定的案例，虽然纸业公司与保险公司在签署合同时就明确了保险人赔付的具体数额，但其与保险基本原理是相悖的，所以这显然是一份无效的保险合同。法院最终的判决应该是：保险公司将纸业公司支付的20万元减去先行支付的 5 000 元还给纸业公司。②

① 任自力，周雪峰.保险法总论[M].北京：清华大学出版社，2010：8—9.
② 韩长印.商法教程（2 版）[M].北京：高等教育出版社，2011：420—421.

第七章 信托法的理论与应用研究

信托就是受托人以自己的名义为他人的利益管理其所托付的财产。它在国家经济建设中做出了重大贡献，而且还是企业甚至普通民众的理财帮手，广受人们的青睐。信任是信托的基础，没有信任也就没有信托，所以信托行为的成立折射出社会的和谐以及人与人之间的信赖。

第一节 信托及其设立的流程

信托这一法律制度有着显著的灵活性，也正是由于其灵活性，任何一个信托定义对信托制度的描述都是有限的。以下就对信托的基本内容及其设立的流程进行分析说明。

一、信托

（一）信托的定义

自信托制度产生之后，关于什么是信托，至今没有一个权威、统一的定义。有人指出："信托是一种资产管理工具，它将财产所有权利益与负担在受托人与受益人之间进行了分割，并由此产生了受托人与受益人之间的受信关系。"[①]这一定义强调信托的受信关系方面的内容。也有人认为："信托是一种法律关系，根据该法律关系，受托人具有为受益人（本人可以作为受益人之一）利益管

---

① Robert. T, Danforth. Rethingking the Law of Creditors' Right in Trusts[J]. *Hasting Law Journal*, 2002, (53):291.

理信托财产的义务。"①这一定义则侧重信托义务方面的内容。

此外,在立法上,信托的解释也有所不同。《日本信托法》第 1 条规定:"本法所指信托,是指办理财产权的转移或其他处理,使他人遵从一定目的,对其财产加以管理或处理。"这一定义注重对信托行为的描述。《印度信托法》第 3 条规定:"信托是一种附属于财产所有权的义务,它源于对受托人为他人利益而行为的一种信任。"这一定义则侧重信托的义务本质和信任要素。

我国《信托法》第 2 条规定:"本法所称信托,是指委托人基于对受托人的信任,将其财产权委托给受托人,由受托人按委托人的意愿以自己的名义,为受益人的利益或者特定目的,进行管理或者处分的行为。"虽然我国定义不能对信托制度进行全面的描述,但从中能看到信托的基本要素。

(1)信托当事人。信托的基本当事人包括委托人、受托人和受益人。这与只有两方当事人的合同关系有所不同。

(2)信托行为。在信托制度中,无论通过何种方式设立信托,都不需要同受益人达成合意,也就是说,受益人并不是"信托行为当事人",而只是"信托当事人"。尽管如此,因信托的特殊性,受益人因其信托关系当事人的资格,取得强制执行信托的权利。

(3)"委托给"的含义。"委托"一词似乎表明委托人并没有将信托财产的财产权转移给受托人,对此我国的信托似乎不需要信托财产的转移就能成立。对于这一观点,很多学者都持怀疑和批判态度。实际上,信托法创设了一种灵活的财产权结构,严格来讲,信托财产的所有权并不属于委托人、受托人和受益人中的任何一方。信托设立的目的是创设出独立于信托当事人的财产,有时并不需要委托人将财产权转移给受托人。

(4)信义关系。信托关系实际上就是信义关系。不同于合同关系,信义关系要求受托人为了受益人的利益行事,受托人为了受益人的利益应履行管理和处分的行为义务。

(5)信托目的。信托的核心要素即信托目的。我国《信托法》

① 戴维·S·克拉克,图鲁尔·安塞.美国法律概论(英文版)[M].北京:中信出版社,2003:224.

第2条规定中对承认目的信托保留了空间。

综合上述论述以及结合我国信托制度的基本原则,可以从以下几个方面来理解信托。

(1)信托属于一种财产管理的机制。"受人之托,代人理财"可以说是信托的基本特征,也就是委托人将产权转移给受托人,由受托人对其进行管理。

(2)受托人以自己的名义进行管理。信托具有信托财产所有权与利益相分离的机制,也就是名义上信托财产属于受托人,但实际上财产利益属于受益人。受托人以自己的名义管理和处分信托财产所产生的所有实际利益都归于受益人,即其行为只能是为了受益人的利益,而不能为自己的利益。

(3)受托人是不可获取的当事人。在信托制度中,信托财产由受托人管理,所以任何信托都必须有受托人。但委托人和受益人则不是必须存在的,如在法定信托中就无委托人,在目的信托中则无受益人。

(二)信托的分类

信托是十分灵活的法律制度,其类型自然也多种多样。不同类型的信托其运行机制不同,法律对其规范的角度也不尽相同。

1.法定信托与意定信托

根据信托成立与产生的原因,其可分为法定信托与意定信托。

法定信托是指通过法律的强制,或法律根据对当事人意思的解释而成立的信托。这种信托是根据法律规定进行,与当事人的意愿无关,也无须考察当事人的真实性。

意定信托是根据当事人的意思所成立的信托,其表现形式可以是通过契约或遗嘱的法律行为成立的信托。这种信托是基于当事人的意思设立的,所以需要考察当事人的意思及真实性。

2.自益信托与他益信托

根据信托利益的归属主体,其可分为自益信托和他益信托。

自益信托是指委托人以自己为受益人享受信托利益而设立的信托。商事信托大多属于这一类型。

他益信托是指委托人以自己以外的第三人作为受益人享受信托利益而设立的信托。遗嘱信托和公益信托都属于这一类型。

自益信托和他益信托在对法定的撤销权和解除权上享有不同的权利。例如,在信托终止问题上,自益信托的委托人或其继承人可随时终止信托;而在他益信托中,委托人在信托存续期间无权撤销或解除,只有委托人与受益人共同为之才能终止信托。在受益权的处分上,自益信托的委托人可随意处分其受益权,而他益信托中委托人必须与受益人共同为之。

3. 合同信托与遗嘱信托

根据信托设立的方式,其可分为合同信托与遗嘱信托。

合同信托是指委托人与受托人之间签订信托合同而成立的信托。其成立、生效,需要满足信托法的规定。

遗嘱信托是根据委托人单方面的意思即遗嘱而成立的信托。其成立、生效除了要满足信托法的规定外,还要与遗嘱、继承方面的法律规定相符合。

4. 民事信托与商事信托

根据是否以营利为目的,信托可分为民事信托与商事信托。

民事信托又称"非营业信托",指的是受托人不以营业为目的而接受的信托。

商事信托又称"营业信托",指的是受托人以营业为目的而接受的信托。

民事信托与商事信托所适用的法律有所不同。民事信托除适用于信托法外,主要适用于民法。商事信托除适用于信托法外,主要适用于信托营业管理法,如《信托公司集合资金信托计划管理办法》《信托公司管理办法》等。此外,两者受到的法律规制程度也不尽相同。民事信托自治的空间较大,法律干涉较少;商事信托要获得许可,并且受主管机构的监管。

5.个别信托与集体信托

根据信托财产的管理方式,其可分为个别信托与集体信托。

个别信托是指受托人对所受托的不同委托人的信托财产分别予以管理或处分的信托。个别信托中因委托人不同,设立信托的意愿也不相同,所以信托内容也就各不相同。

集体信托是指受托人将众多委托人的信托财产进行集中整体性管理或处分的信托。在集体信托中,信托的内容是相同的,所以集中信托也就是将众多同一内容的个别信托作为一个整体统一进行管理的信托。

二、信托设立的流程

信托的设立表明信托关系的形成以及信托行为的成立。信托的设立需要遵循一定的基本原则,这是信托有效设立的前提。信托的设立还可采用不同的方式,如合同的方式、遗嘱的方式等,设立方式不同,法律对其的具体要求也不相同。

(一)信托设立的原则

根据《信托法》的规定,在进行信托活动时,信托当事人必须遵守相应的法律法规,而且要坚持诚实、公平和自愿的原则,不能对国家以及社会公共利益损害。总结而言,信托的设立需要遵守以下几项原则。

1.合法原则

信托的设立首先应遵循合法原则,合法原则在这里具有两层含义。其一,信托的设立要遵守法律、行政法规。但具体是地方性法规还是部门规章,并不要求必然遵守,要不然将会限制信托的设立,影响和制约信托对社会经济生活的促进作用。其二,信托的设立要遵守法律、行政法规的规定,这种规定是强制性的,而不是任意性的。同时,这里的强制性规定不仅包括效力性规定,也包括管理性规定。

2.诚实守信原则

在现代法制中,诚实守信是一项基本的原则,不仅适用于整个民法,还适用于包括公司法、票据法在内的商法,主宰了所有法规的诚实守信原则自然也适用于信托法。我国《信托法》中就有规定,从事信托活动的当事人必须要遵守诚实守信原则。

这一原则的基本要义是当事人从事法律行为时,要重视并尊重对方的利益,同时要尊重国家、社会公共及第三人的利益。就这一层面来讲,信托设立应遵守的诚实守信原则包含两方面含义。其一,就当事人与第三方之间的关系而言,信托的设立不得损害国家、社会公共及第三人的利益,如若损害将导致信托无效。其二,就当事人之间的关系而言,信托的设立应遵守公平原则。具体而言,在委托人与受托人之间,受托人的报酬应与其信托管理事物的质与量相称,在委托人与受益人之间,受益人需要指出的对价与其信托利益之间要基本相当。

3.自愿原则

信托的设立还应遵守自愿原则,这是私法自治原则在信托设立中的具体体现。信托设立中的自愿原则具体包含以下几个方面。

首先,委托人可自愿决定是否设立信托,也可以自愿决定受托人人选,任何国家机关、任何人都不能强制委托人设立信托,也不能强制委托人选择某个主体为受托人。

其次,受托人可自愿决定是否接受受托人职务,任何国家机关、任何人都不能强制某个主体人担任信托职务。

最后,受益人可自愿决定是否接受信托利益,受益人取得信托利益一般无须对价,委托人也不得强制某个个体接受信托利益。

(二)信托设立的方式

1.信托合同的设立

同经济合同中的其他合同一样,信托合同是指当事人之间达成的以设立信托为目的的合同。信托合同属于双方法律行为,至少要包含两方当事人,需要两方的意思表示一致,如果当事人中的受托人不接受信托,那么信托合同就不成立。信托合同本质上属于合同,具有合同的自治性。但又有有别于其他经济类合同的地方,如其他合同的订立不一定要将合同目的、如何履行合同等描述得清清楚楚,合同的目的是一种当事人的主观意思,是当事人根据不同需要经过充分协商最终达成一致时的意思表示;而在信托合同中,信托目的、受益人的地位、受益权的性质、信托财产的独立性等都必须载明,这里没有讨价还价的形式,是由委托人提出条件,受托人愿意承受为前提条件的,而这也是信托合同与其他合同相区别的显著标志。

信托属于法律行为,因此信托可依据当事人的行为即合同来予以设立,按照信托法的要求所签订的合同就是信托合同。信托合同应采用书面形式,具体包括合同书、信件和数据电文等。但没有采取书面形式,主要一方已经履行主要义务,而且对方也已经接受,信托合同依然可以成立。

有效的信托合同应具备以下几个基本要素:信托目的;委托人、受托人的姓名或者名称以及住址;受益人或受益人范围;信托财产的范围、种类及状况;受益人取得信托利益的形式、方法。这几个要素就如同标的物、价款等对买卖合同成立的意义一样,如果没有约定或是约定地不够明确,信托合同就无法成立。关于信托期限、受托人的报酬、信托终止事由等其他事项可以约定也可不约定,如没有约定时,可通过法律规定或理论解释加以补充,这些并不会对信托合同的成立造成影响。

那么信托合同的成立是否也意味着信托的成立呢?这主要与信托合同是否为要物合同有关,因为信托的成立以转移财产给受托人为前提,如果信托合同为要物合同,则信托合同的成立本身包含了财产转移的要求,此时信托合同的成立也即信托的成立。推定信托合同是否为要物合同,不能以法律规定的间接表述为标准,而应以法律明确的表述为依据,这是因为要物合同有碍交易安全,与合同法的发展方向不相符,必须坚持严格认定原则。

所以,通过信托合同设立信托的,信托合同的签订并不代表信托就能成立,如果要使信托成立,还要完成财产转移的物权行为。

2.遗嘱信托的设立

遗嘱信托是一种现代财产管理制度,有着独特的功能。随着社会经济的快速发展,个人积累的财富也日渐增多,人们也是越来越关心这些财富的传承问题。而遗嘱信托就是处理这一问题的金融工具,有着远大的前景。

遗嘱不同于合同,它是遗嘱人的单方面法律行为。而遗嘱信托是指身为委托人的被继承人以其单独行为的遗嘱,将自己的财产权转移至受托人名下,由受托人按立遗嘱人的意愿以自己的名义,为受益人的利益或特定目的的管理或处分的行为。遗嘱人死亡、信托生效,这是遗嘱信托的两个显著特征。

按照继承法的规定,遗嘱包含自书遗嘱、公正遗嘱、代书遗嘱、口头遗嘱和录音遗嘱。与此相对应,遗嘱信托也包含自书、公证、代书、口头、录音等形式。其中,以代书、口头、录音的形式设立遗嘱信托,要有两个以上的见证人在场进行见证。原则上来讲,口头设立遗嘱信托只适用于紧急情况,紧急情况一旦结束,就应采用其他形式设立遗嘱信托。

遗嘱信托是一种以死亡为原因发生法律效力的法律行为,也就是以委托人的死亡来确定法律效力发生的民事法律行为。在委托人死亡时,如果原本作为信托财产的部分财产不再属于遗产,这时可以理解为就遗产范围的信托财产成立信托,只有全部财产都不属于遗产范围的财产时,信托才因无标的物而无效。如果遗嘱信托没有指定受益人,那么就可以理解为受益人为全体继承人,如果受益人先于委托人死亡,那么遗嘱信托则失去效力。

遗嘱信托是否发生法律效力,由以委托人的单方意思表示来决定,遗嘱指定的受托人是否同意以及是否具有相应行为能力并不影响信托的成立。如果遗嘱指定人拒绝担任受托人或无行为能力,可根据我国《信托法》第13条第2款规定进行解决。

（1）遗嘱对另行选任受托人作了规定的，依其规定选任受托人。

（2）无上述情形，由受益人选任受托人；如果受益人属于无民事行为能力人或者限制民事行为能力人，依法由其监护人代为选任。

第二节　受托人、委托人与受益人

信托当事人有别于信托行为的当事人，通常信托行为的当事人主要包括委托人和受托人，而信托当事人则包括委托人、受托人和受益人。法律对委托人的规范重点在于其权限的设置，对受托人的规范重点在于其义务的设置。受益人享有受益权，具有明显的物权属性。

一、受托人

（一）受托人简述

受托人指的是接受委托人转移的信托财产，并以自己的名义对信托财产加以管理和处分的人。上述提到，信托可以没有委托人和受益人，但不能没有受托人，所以受托人是信托的必要当事人。

当同一信托具有两个以上受托人时，为共同受托人。如信托文件无特别规定，信托事务应由共同受托人共同处理。若在共同处理信托事务时共同受托人意见不一致，应按信托文件规定处理，如果信托文件没有规定，则应由委托人、受益人其他利害关系人来决定。如果共同受托人违反信托目的处分信托财产或者对信托事务处理不当致使信托财产受损的，其余受托人也要承担连带赔偿责任。

受托人可以辞任，但要经委托人和受益人同意。如若出现以下情形之一，受托人职责终止，原受托人处理信托事务的权利和义务由新受托人继承。

(1)死亡或者被依法宣告死亡。

(2)依法解散或者法定资格丧失。

(3)被依法撤销或者被宣告破产。

(4)被依法宣告为无民事行为能力人或者限制民事行为能力人。

(5)辞任或者被解任。

(6)法律、行政法规规定的其他情形。

(二)受托人的义务

以信托财产为限向受益人支付信托利益是受托人的主要义务,也是受托人的主给付义务。为了确保主给付义务的有效履行,信托法还对其他从给付义务做了规定。

1.忠实义务

忠实义务分为广义的忠实义务和狭义的忠实义务两种。广义的忠实义务虽不是信托条款的规定,却是信托关系必然包含的内容,包括以下三项基本原则。第一,在处理信托事务时,受托人不能为个人利益为之。第二,受托人不得置身于受益人利益与自身利益相冲突的地位。第三,在处理信托事务时,受托人不得为第三人谋取利益。

狭义的忠实义务是指受托人要依据信托目的对信托财产进行管理,并避免自身利益与受益人利益发生冲突。狭义的忠实义务主要体现在以下两项规则上。一是禁止获利规则,即受托人除依法取得报酬外,不得利用信托财产为自己谋取利益(《信托法》第26条)。二是禁止自我交易规则,即没有信托文件的规定或经委托人或者受益人同意并以市场价格进行公平交易的,受托人不得将其固有财产与信托财产进行交易或将不同委托人的信托财产进行相互交易(《信托法》第28条)。

2.谨慎管理义务

在对信托财产进行管理的过程中,受托人必须恪尽职守,履行诚实、谨慎、有效管理等义务。所谓谨慎、有效管理,也就是以善良管理人的注意义务进行管理。对于信托事务而言,受托人的谨慎管理有别于民法上的注意义务。通常,民法上的注意义务会因有偿与无偿而有所区别:在有偿管理事务中,行为人负责较高程度的注意义务;在无偿管理事务中,行为人则负责较低的注意义务。与此不同,信托事务中的受托人无论是否收取报酬,都应尽善良管理人的注意义务。这种规定对于促进受托人谨慎管理信托财产将起到有效的作用。但这种义务规定并不是强制性的,受托人的上述注意义务可由当事人根据信托文件加重或减轻。

3.亲自管理义务

品行、专业技能是委托人选择受托人的重要考量依据,所以受托人应对信托事务亲自进行管理,不得委托他人代为处理。但亲自管理并不属于法律规定,而属于原则规定,若信托文件规定受托人可委托他人代理信托事务,自然应当予以尊重。此外,信托事务十分复杂,有时亲自管理义务对于受益人利益的最大化并没有多大益处,所以现代信托法允许受托人在一定情况下委托他人代为管理信托事务。信托法中规定,如果有"不得已事由",则受托人可以不对信托事务进行亲自管理。而这种"不得已事由"主要是指客观上受托人无法亲自处理,只能委托他人代理的情况,如滞留国外、重病住院等。

需要注意的是,既是信托法规定受托人可因不得已事由委托他人代为处理,但受托人仍要严格责任,即对他人处理信托事务的行为承担责任。这种责任的存在会促使受托人在处理信托事务时更加谨慎,这样即使在迫不得已的情况下受托人也不会将信托事务随意委托给他人。但这样的结果是,使亲自管理义务松动化的目标无法真正落实,而且也不利于受益人利益最大化的实现。

4.分别管理义务

所谓分别管理义务,指的是受托人在管理信托财产时,对信托财产与自己的财产以及不同信托之间的信托财产分别进行管理。分别管理义务呈现出松动化的趋势,具体表现在两个方面:一是允许当事人约定排除分别管理义务;二是当信托财产为金钱时,允许将多笔信托财产集合在一起统筹运用,只需要分别记账即可。因此,我国《信托法》第 29 条规定:"受托人必须将信托财产与其固有财产分别管理、分别记账,并将不同委托人的信托财产分别管理、分别记账。"由此也能看出,我国对分别管理业务的态度并不是"应当",而是"必须",属于强制性规定,而非任意性规定。

5.其他信托义务

受托人应负有的义务不止上述几种,还包括以下几种。

(1)完整记录的义务。在管理信托事务过程中,受托人应对信托事务的各种处理情况进行完整记录,并加以保存,以方便委托人或受益人查阅。

(2)定期报告的义务。这是指受托人应每年定期向委托人和受益人报告对信托财产的管理运用、处理及收支情况。

(3)依法保密义务。对于委托人、受益人以及信托事务的处理情况和资料,受托人应依法进行保密,不得随意泄露给第三人。

(4)清算移交的义务。当受托人责任终止时,受托人应将对信托事物的处理做成报告,并提交委托人或受益人认可。

(三)受托人的权利

受托人不仅是信托财产的管理人,也是自己财产的所有人。作为信托财产的管理人,受托人享有信托财产管理的权限,作为自己财产的所有人,受托人享有追求自身合法利益的权利。权利与权限不同,权利是自益性的,权限是他益性的。受托人的权利主要包含以下两个方面。

1.报酬支付请求权

在管理信托事务中,受托人可以收取报酬,但这存在一定的条件,即信托文件规定了报酬或虽未规定报酬但事后达成了协议,否则受托人则无权要求支付报酬。

其中,根据信托文件的规定指的是信托文件中规定报酬由委托人支付,受托人就有权要求委托人支付报酬;信托文件中规定报酬由信托财产支付,受托人则有权要求从信托财产中支付;信托文件中规定报酬由受益人支付,受托人则有权在受益人获得信托利益后要求受益人支付。如果信托文件中并没有明确指出由谁来支付报酬,受托人可选择要求委托人或信托财产支付。

但受托人的报酬支付是需要一定条件的,根据公平和一致原则,报酬支付请求权应以受托人善尽职责为前提。如果受托人因某些信托违反行为而使信托财产产生损失,在没有恢复信托财产原貌或没有予以补偿之前,受托人没有权利要求支付报酬。

就报酬支付的性质而言,请求支付的对象不同,其性质就有所不同。如果受托人的报酬由信托财产支付,那么报酬支付请求权就属于优先受偿权的一种,也就是优于信托财产其他债权人而受清偿;如果受托人的报酬由委托人或受益人支付,那么报酬支付请求权就属于普通债权的一种。

2. 费用优先受偿权

在对信托事务进行处理的过程中,受托人有时会垫付一些费用,这些费用可能是处理信托事物中所支出的费用,也可能是对第三人所负的债务。这些垫付费用如果由受托人来承担显然有失公平,所以我国《信托法》第 37 条规定,在信托事务处理中,受托人先行垫付费用的,对信托财产享有优先受偿的权利。但享受优先受偿权是有一定条件的,即要以受托人正当行使管理职责而支付的合理费用为前提。如果受托人违背管理职责或对信托事务处理不当而使自己财产受损或对第三人所负债,则应由受托人自行承担。

当受托人在行使费用优先受偿权时,可直接变卖信托财产,并从中扣除相应的金额,但不得向受益人提出请求。即使信托财产全部变卖后仍无法全部偿清受托人所垫付的费用,受托人也不得向受益人提出请求。但是否可以向委托人提出适当补偿,对此我国《信托法》并没有做出规定。若委托人不承担补偿义务,受托人就会因积极正当处理信托事务而招致风险。所以,当受托人所垫付的费用无法用信托财产所支付时,如何对受托人加以补偿是一个值得思考的问题。

二、委托人

(一)委托人简述

委托人指的是为了某种特定目的或受益人的目的,将财产权转移给受托人而设立信托的人。认定委托人具有一定的标准,即是否具有设立信托的意思。在法定信托中,信托的创设并不是财产所有人的意思,而是法律的直接规定,所以法定信托中不存在委托人。委托人可以是自然人、法人或者依法成立的其他组织。委托人是自然人时,应具有完全民事行为能力,不具备完全行为能力的人所设立的信托,属于效力待定行为,如果法定代理人不予追认,信托则无效。

关于委托人是否为当事人,内地法系信托法与英美信托法有所不同。在英美信托法上,委托人一旦设立信托,就代表委托人退出信托关系,即不再是信托的当事人。在内地法系信托法上,信托设立之后,委托人仍处于信托关系中,作为信托当事人而存在,并享有适当介入信托的权限。这与传统的信托法观念并不相悖,而且信托法并不反对委托人介入信托。例如,委托人可以选定自己为共同或唯一的受托人,也可以设立可撤销信托保留控制权等。而且,委托人除了是信托关系中的当事人,还是信托行为当事人、信托目的设立人等,这些地位足以让委托人具有保留介入信托的资格。

(二)委托人的权限

上述提到,法律对委托人的规范重点在于其权限的设置,具体来讲,委托人的权限主要包含以下几个方面。

1.信托管理情况的知情权

监督以知情为前提，所以知情权是委托人最基本的权利。委托人对信托管理情况的知情权具体包含以下几点。

（1）对于信托财产的管理运用、处分以及收支情况，委托人有权知晓，而且有权要求受托人对此做出相应说明。

（2）对于与信托财产有关的信托项目，委托人有权查阅、抄录或复制，而且也有权处理信托事务的其他文件。这一点有别于有限责任公司股东的查阅复制权，具体表现为：首先，在知情范围上并不局限于会计账簿或财务会计报告等；其次，在知情的方式上，委托人可复制的对象并不限于会计账簿或财务会计报告，也可以对相关的会计凭证进行复制。

2.信托管理方法的调整权

信托事务管理过程可能会出现一些在设立信托时没能预见的特别事由，这些特别事由可能导致信托财产的管理方法不利于信托目的的实现或不符合受益人的利益，此时委托人要求受托人对信托财产的管理方法进行调整。

3.信托违反的救济权

当受托人因违反信托目的处分信托财产或者因违背管理职责、处理信托事务不当导致信托财产受损时，委托人有权申请人民法院撤销该处分行为，并且有权就恢复信托财产的原貌、相应补偿等对受托人提出要求。

4.受托人职务的解任权

委托人也有依照信托文件的规定或申请法院解除受托人的权利，这种权利发生在受托人违反信托目的处分信托财产或者管理运用、处分信托财产有重大过失时。需要注意的一点是，我国信托法对委托人的受托人职务解任权具有限制，即仅限于受托人管理信托"违反信托目的"或"有重大过失"。除这两项之外的其他情况,如受托人管理能力平平、管理效率不高等,委托人无权解任受托人。

三、受益人

(一)受益人简述

受益人指的是因信托行为而直接享有信托利益的人。确定某一主体是否为受益人,可根据以下三项标准来衡量:其一,该主体是否享有信托利益;其二,该主体是否直接享有信托利益;其三,该主体是否是依据委托人的法律行为(即意思表示)而享有信托利益。

除目的信托外,其余信托都必须有受益人。但信托受益人有特定与不特定之分,如私益信托的受益人是特定的,公益信托的受益人则不是特定的。在信托当事人中,委托人可以充当受益人,甚至可以作为唯一的受益人。受托人也可以作为受益人,但不能作为唯一受益人,而是要与他人一起作为受益人。

(二)受益人的权利

1.受益权的内容

利益支付请求权是受益权最基本的内容。除此之外,受益权还包括与委托人相同的权利,即信托管理情况的知情权、信托管理方法的调整权、信托违反的救济权、受托人职务的解任权等。也由于受益人与委托人享有相同的权利,所以当两者行使权利意见相左时,可申请人民法院做出裁定。

但申请人民法院做出裁定并不彻底解决问题,也仅仅是将问题推给了法院而已,法院又依据怎样的标准进行裁决,并没有给予明确指引。结果可能是,法律采纳委托人的意见,或者采纳受益人的意见。这不仅不符合法律的可期待性,也不符合法制的统一性。实际上,信托法虽赋予了委托人与受益人某些内容相同之权,但性质是有所区别的:委托人享有的是权力,受益人享有的则是权利。信托法赋予委托人权力,其目的在于防止受托人因滥用职权而对受益人的利益造成损害。所以,委托人的权力与受益人的权利有所不同,委托人的权力具有他益性,即为了他人的利益而非自己的利益而存在,受益人的权利则具有自益性。对此,当委托人与受益人意见不一致时,应尊重受益人的意见,而不是由法院裁决。

2. 受益权的性质

关于受益权的性质,主要包含以下几种观点。

第一,受益权是兼具债权和物权的复合权利。这一观点认为,受益人不仅对受托人享有对人权,而且在符合一定要件也可对第三人主张对信托财产的权利。

第二,受益权可定性为债权。这一观点认为,信托的设立也就表明信托财产归属于受托人,受托人有义务依照信托目的为受益人的利益管理和处分信托财产。而受益人对信托财产并无直接的权利,只是取得相对于受托人的对人性债权,对受托人享有请求权而已,所以受益权应为债权。

第三,受益权属于一种新权利。这一观点认为,信托因受益权的范围与性质无法纳入内地法系民法的传统财产权关系之中,信托是一种独立形态的权利组合,受益人权利也是如此。

从相应的角度来讲,上述观点都有一定的道理。就我国信托法规范而言,受益权虽然没有明确为物权,却有物权的一些属性,具体表现在以下几个方面。

其一,受益权具有物权的追及力。为防止受托人的不当行为损害受益人的权利,受益人享有撤销权。撤销权一经行使,受益人就能从第三人手中取回信托财产。

其二,受益权具有物权的直接支配力。通常情况下,受益权的支配力是隐藏的,并不直接体现出来,当受托人对信托财产处理不当时,受益权的支配力就开始显现。不过该支配力要经过撤销程序才可实现,这种情况较为特殊。

其三,受益权具有物权公示的要求。信托法要求应登记的信托财产必须办理信托登记,并规定受益人可以此对抗第三人。这与债权无须登记具有明显差异。

3.受益权的放弃

自信托生效之日起,受益人便开始享有信托受益权。信托文件另有规定的,从其规定。对于信托受益权,受益人可以放弃。若信托文件中规定受益权不得放弃,那么该条款当属无效。若全体受益人放弃信托受益权,那么信托终止,若只有部分受益人放弃信托受益权,信托并不终止,此时只发生被放弃的受益权的归属问题。

按照我国《信托法》第46条规定,当部分受益人放弃信托受益权时,可按以下顺序确定被放弃信托受益权的归属:信托文件规定的人;其他受益人;委托人或者其继承人。不过以上规则中,第二顺位的"其他受益人"作为归属人是否符合委托人的意愿这一问题值得思考。此外,委托人的继承人可作为归属人,而其他受益人的继承人则不可以作为归属人,这种规定的妥当性也值得进一步探讨。

4.受益权的转让

除信托文件有明确限制性规定受益权不可转让,作为产权性权利的受益权是可以转让的。但即使信托文件有限制性规定,也并不妨碍善意第三人取得受益权,此时的限制性规定仅具有内部约束力。

具体而言,受益权的转让可用于以下目的或场合。

(1)继承。按照信托法规定,受益权可以继承,若信托文件中有限制性规定,则另当别论。

(2)清偿债务。按照信托法规定,如果受益人无法清偿到期债务,可用信托受益权用于清偿债务,但法律、行政法规以及信托文件有限制性规定的除外。

(3)抵押。受益权是否可以抵押,这在我国信托法以及物权法中并没有明确说明,但受益权具有可转移的属性,加之《物权法》采取"法未禁止,即可抵押"的立法态度,所以受益权可以作为抵押的标的物。

(4)股东出资。《公司法》第27条规定,只要可用货币估价并可依法转让的财产都可作为出资的标的物,除非法律明确限制不能出资,受益权属于"可用货币估价并可依法转让的非货币财产",因此也就可以用于股东出资。

第三节 信托财产

要设立信托,必须有可用来设立信托的信托财产,信托财产是全部信托制度构建的中心,没有信托财产的存在,信托也就无法成立,所以信托财产是信托的核心要素。因此,掌握信托财产的性质、独立性以及公示等对理解整个信托制度具有重要意义。

一、信托财产的性质

信托财产的概念源于英国的平衡法,自内地法系引进信托制度之后,信托财产便成为信托法的基本概念,构成了信托的重要组成部分及核心要素。在信托制度中,信托财产甚至可以取代人而占据中心位置,原因在于:其一,信托是管理财产的一种机制,如果信托中没有信托财产,那么也就无法设立,正是出于这一意义,我国《信托法》要求信托的设立必须有确定的信托财产;其二,信托财产是信托当事人权利义务的对象,如果没有信托财产,信托关系将不能形成,委托人、受托人和受益人之间的权利义务也就无所指向。

所谓信托财产,是指由"受托人因承诺信托而取得的财产"(《信托法》第14条),也就是受托人占有并依照一定目的或为受益人利益而管理和处分的信托标的物。

信托财产可分为两种:一种是信托成立时的信托财产,也就是受托人因承诺信托而取得的财产;一种是信托管理中的信托财产,也就是受托人因信托财产的管理运用、处分等而取得的财产。

两者具有不同的法律特征,具体区别如下。第一,目标不同,信托成立时的信托财产为委托人设立信托而存在,信托管理中的信托财产为受托人实施管理而存在。第二,性质不同,信托成立时的信托财产是信托成立要件意义上的信托财产,信托管理中的信托财产是信托管理意义上的信托财产。第三,存在时间不同,信托成立时的信托财产存在于受托人取得财产之时,信托管理中的信托财产存在于信托的整个有效期限内。第四,财产状态不同,信托成立时的信托财产必须确定,不确定者不能设立信托,信托管理中的信托财产存在于管理之中,因而是不确定的。

由上述内容可以看出,信托成立时的信托财产与信托管理中的信托财产具有不同的法律特征,法律对两者的要求也有所不同。具体而言,信托成立时的信托财产应符合以下要求。

(1)可转让性。如果财产不能转让,那么就无法向受托人实行转让,而信托也就不能成立。因此,法律、法规禁止流通的财产,不可转让的人身权,在依法经有关主管部门批准之前的限制流通财产等,都不能作为信托成立时的信托财产。

(2)经济价值。信托是一种能为受益人带来经济利益的制度,就这一点而言,信托中的信托财产要具有经济价值,也因此单纯的股权表决权、债权诉讼请求权等不能单独作为信托成立时的信托财产。

(3)积极性。产权不同于财产权,前者是权利和义务的总体,包含积极财产和消极财产;后者是权利,属于积极财产。信托属于一种为受益人带来利益的制度,所以最初转让的信托财产不应是消极财产,应当是积极财产,也因此企业财产以及包括债务在内的继承财产都不能作为信托成立时的信托财产。

不同于信托设立时的信托财产,信托管理中的信托财产表现出独立性、总体性和代位性。信托财产的独立性指的是信托财产独立于受托人、委托人而不被其债权人追索、不被继承等。信托财产的总体性指的是信托财产在包括财产性权利的同时,也包括因信托财产管理而产生的债务。信托财产的代位性指的是信托财产交易结果导致其形态的变更不影响其性质,仍属于信托财产。

二、信托财产的范围

对于信托财产的范围,我国信托法并没有做出具体限定,只就法律、行政法规禁止流通和限制流通的财产做了笼统规定。但就一般的信托法律规定来讲,信托财产应包含以下财产:动产和不动产,物权和债权,股票和债券等有价证券,专利权、商标权和著作权等知识产权。[①]

信托成立之初,信托财产的形态和范围是特定的,但信托成立之后,在受托人管理、处分的过程中,信托财产的形态会发生变化,或损毁,或孳生新的财产,或不断扩大。所以,信托财产的形态以及数量并不是固定不变的,而是不断地发生着变化。若仅将信托财产限定在信托设立之初的财产范围内,会使受托人无法享受正当利益而使受益人蒙受损失。因此,信托法对受托人有着明确的要求,即在管理信托财产的过程中要严格、谨慎履行受托人的义务,有效地管理信托财产,以实现受益人的利益。

信托财产的管理指的是在不改变信托财产权利性质的基础上,对信托财产进行保存、利用以及改良的行为。受托人通过管理信托财产而获得的财产包括天然果实,或在管理信托财产中而获得的利息、租赁在内的法定受益。

信托财产的处分指的是信托财产的物体或者权利发生变更或者消灭的行为。受托人在通过这一行为获取的财产包括利用信托财产买入的动产、不动产、有价证券,变卖信托财产而取得的对价收入,借贷信托财产而取得的债权等。

此外,其他导致信托财产范围和形态发生变化的情况有两种:信托财产的灭失和信托财产的损毁。

信托财产的灭失指的是作为信托财产标的物的物体或者权利发生消灭或者减少的行为。受托人因这种情况而获取的财产包括由于股份公司的解散所持股票消灭而取得的剩余财产分配金以及剩余财产分配金的给付请求权,由于火灾烧掉信托财产的

---

① 张军建.信托法基础理论研究[M].北京:中国财政经济出版社,2009:123.

房屋而得到的火灾保险金以及火灾保险金的给付请求权等。

信托财产的损毁指的是作为信托财产标的物的物体或者权利自身损毁的情形。受托人因这种情况而获取的财产包括因第三者非法破坏信托财产而取得的损害赔偿金以及该损害赔偿请求权等。

综上所述,信托财产包含委托人因信托财产的管理、处分等获得的财产权财产。并且和设立信托当初的信托财产一样,独立于受托人的固有财产。

三、信托财产的独立性

(一)信托财产独立性的含义

所谓信托财产的独立性,指的是当委托人将财产转移给受托人之后,在法律上信托财产便独立于委托人和受托人,成为专为信托目的而存在的目的财产。这种独立性使得信托具有"主体性"倾向,它也是信托财产最显著的特征。

对于信托财产的独立性,我国信托法也给予了认可。《信托法》第 15 条规定:"信托财产与委托人未设立信托的其他财产相区别"。《信托法》第 15 条规定:"信托财产与属于受托人所有的财产(以下简称国有财产)相区别,不得归入受托人的固有财产或者成为固有财产的一部分。"

(二)信托财产独立性的体现

信托财产的独立性主要体现为,信托财产独立于委托人和受托人。

1.独立于委托人

当财产由委托人转移给受托人之后,法理上来讲信托财产就不再属于委托人,具体体现为以下两点。

(1)委托人自身的债权人不能追索信托财产,即使在自益信托中,即委托人是唯一受益人,其债权人也只能强制执行委托人的信托受益权,而不是信托财产本身。

(2)委托人依法解散、被依法核销、被宣告破产或者死亡时,信托财产不作为其遗产或清算财产。只有在委托人是唯一受益人的情况下,才能终止信托,信托财产才能作为其遗产或清算财产。

2.独立于受托人

独立于受托人指的是信托财产与受托人的固有财产相独立,属于一项"特别财产",其具体表现为以下几点。

(1)损益方面独立于受托人。受托人在管理、处分信托财产所产生的利益,除依照信托文件应支付给受益人之外,其余所有的利益都应归属信托财产;对于所产生的损失,除因受托人的处理不当所造成的以外,应由信托财产来承担。

(2)抵销方面独立于受托人。属于受托人个人的债务与属于信托财产的债务不能相互抵销,只有信托事务处理过程中产生的债务能与信托财产的债务相抵销。

(3)偿债方面独立于受托人。就偿债而言,信托财产只负担因信托事务所产生的债务、信托本身所担负的税款等。当受托人破产时,信托财产不构成破产财产,破产债权人也无权要求信托财产清偿其债权。

(4)继承方面独立于受托人。信托财产是为受益人利益而存在的特殊财产,并不属于受托人,所以在继承方面,信托财产不属于受托人的遗产,受托人死亡时,其继承人无权继承。

四、信托财产的公示

(一)信托财产公示的概念

所谓信托财产公示,是指在财产权变动的一般公示之外,再规定一套足以表明其为信托的特别公示。信托财产公示有别于物权变动的公示,物权变动的公示包括登记(不动产)和占有(动产),而信托财产的公示则主要是通过信托财产的登记完成,却无法通过直接占有的方式完成。

信托财产的公示除了要表明信托的性质,还要表明财产上的权利和内容,否则无法完全达到保护受益人的目的。例如,《日本不动产登记法》规定,除公示信托财产所有权转移外,还要登记如下内容:委托人、受托人、受益人以及信托管理人的姓名,如果是法人,则为名称及公司、信托目的、信托财产管理方法、信托终止事由、其他信托条款。

在物权法上,信托财产公示与物权公示也不相同。物权公示主要是为了保护善意交易的第三人利益,信托财产公示则不同,如若其不进行公示,受益人的信托财产权就无法产生对抗物权的效果,也就不能对自己的利益进行有效保护。所以,信托财产公示主要在于保护受益人的利益,物权公示主要在于保护交易的第三人利益。

(二)信托财产公示的效力

就信托财产公示的效力而言,其主要存在以下两种规制模式。

第一种是对抗要件主义。这种规制模式是指信托财产公示是信托对抗第三人的前提,信托财产没有公示对信托生效与否并不影响,知识不能对抗第三人。例如,我国台湾地区"信托法"第4条规定:"以应登记或注册之财产权为信托者,非经信托登记,不得对抗第三人。以有价证券为信托者,非依目的事业主管机关规定于证券上或其他表彰权利之文件上载明为信托财产,不得对抗第三人。以股票或公司债券为信托者,非经通知发行公司,不得对抗该公司。"

第二种是生效要件主义。这种规制模式是指信托财产公示是信托生效的前提,如果信托财产没有公示,那么信托则不能生效。例如,我国《信托法》第10条规定:"设立信托,对于信托财产,有关法律、行政法规规定应当办理登记手续的,应当依法办理信托登记。未依照前款规定办理信托登记的,应当补办登记手续;不补办的,该信托不产生效力。"可以看出,我国信托法并无完全采用生效要件主义的模式,公示生效要件主义仅限于"有关法律、行政法规规定应当办理登记手续"的信托财产。而无须办理登记的信托财产，即使不公示也不会对信托的生效造成影响，只是不可对抗善意第三人。

对于"有关法律、行政法规规定应当办理登记"的信托财产具体包含以下几种。

（1）不动产。我国《物权法》第 9 条规定："不动产物权的设立、变更、转让和消灭，经依法登记，发生效力；未经登记，不发生效力，但法律另有规定的除外。"

（2）建设用地使用权。我国《物权法》第 139 条规定："设立建设用地使用权的，应当向登记机构申请建设用地使用权登记。建设用地使用权自登记时设立。登记机构应当向建设用地使用权人发放建设用地使用权证书。"

（3）专利。我国《专利法》第 10 条第 3 款规定："转让专利申请权或者专利权的，当事人应当订立书面合同，并向国务院专利行政部门登记，由国务院专利行政部门予以公告。专利申请权或者专利权的转让自登记之日起生效。"

（4）商标。我国《商标法》第 39 条规定："转让注册商标的，转让人和受让人应当签订转让协议，并共同向商标局提出申请。受让人应当保证使用该注册商标的商品质量。转让注册商标经核准后，予以公告。受让人自公告之日起享有商标专用权。"

对于一般动产、土地承包经营权以及船舶、汽车、航空器等特殊动产，法律并无规定必须办理登记才能发生物权变动的效力，所以通过这些财产设立信托，即便不进行公示，信托也能生效，只是不能对抗第三人。如果想要能够对抗第三人，就一般动产而言，可在动产上标注"信托财产，委托人××，受托人××，……"等字样进行公示，船舶、汽车、航空器等可办理登记。

第四节　信托法的应用案例

通过信托法实际运用案例可对信托法有一个更加全面和深

入的了解。以下就介绍两个关于信托法的运用案例。

一、委托理财与信托应用案例研究

(一)案例介绍

宝钛公司诉健桥证券公司委托理财合同纠纷案

2003年8月20日,宝鸡钛业公司(宝钛公司)作为委托人与受托人健桥证券公司签订《受托国债投资管理合同》约定:宝钛公司将自有资金6 000万元委托健桥公司进行国债投资,宝钛公司享有所投资国债的利息收益,并承担国债市场价格等因素造成的投资损失,健桥公司不向宝钛公司承诺收益或分担损失。健桥公司接受宝钛公司存入的受托资金,按照中国证监会《客户交易结算资金管理办法》的规定进行管理;在从事受托投资管理业务过程中遵循诚实信用的原则,以专业技能管理受托资产,保护宝钛公司的利益,不从事任何有损宝钛公司利益的活动;每季至少一次向宝钛公司提供准确、完整的受托投资管理情况、证券交易记录及资产组合评估报告,不得挪用宝钛公司委托资产;不得将委托资产投资于自己在股权、债权和人员等方面有重大关联关系的公司发行的证券,不得以获取佣金或其他利益为目的进行不必要的证券买卖。受托资产以宝钛公司名义于健桥公司在宝鸡市的证券营业部设立账户,全权委托健桥公司进行国债操作,由健桥公司进行专户管理,但不得与健桥公司自营、经纪账户混合使用。委托期限12个月,具体时间以健桥公司开具的《资产管理证明书》为准。健桥公司未经宝钛公司书面许可,自管理期初买入国债后至管理期末,不得擅自动用宝钛公司账户内的资金和国债,不得擅自买卖国债。委托关系终止后五个工作日内,双方各派两名代表组成清算组对委托资产进行清算,若期末国债年投资收益率高于3%,健桥公司按高出部分收益总额的5%向宝钛公司收取管理费用;若投资收益率低于3%,健桥公司不收取管理费用。健桥公司移交受托资产时,须保证宝钛公司账户内有保持期初数量的国债;合同还约定了委托期内国债派发的利息、期初购买国债剩下的资金余额等事项。

同日,双方又签订《补充协议》约定:在健桥公司不对宝钛公司账户内国债擅自进行买卖交易的前提下,宝钛公司同意健桥公司可对该部分国债进行回购交易,回购所得资金由健桥公司自主使用。健桥公司承诺在国债管理期末向宝钛公司归还受托本金,同时按投资年收益率 9% 向宝钛公司支付投资收益,作为对宝钛公司授予健桥公司回购资金使用权的补偿。健桥公司承诺每半年支付一次收益,如健桥公司不能按期支付本金和收益,宝钛公司有权按逾期金额每日万分之五的比例向健桥公司收取滞纳金等。

同日,宝钛公司、健桥公司、担保公司三方还签订《委托国债投资管理保证合同》约定:担保公司愿意为《受托国债投资管理合同》向宝钛公司提供担保;对宝钛公司 6 000 万元资产的安全及投资收益承担连带清偿责任;保证期限自主合同生效至合同期满后六个月为止。

随后,宝钛公司将 6 000 万元资金打入健桥公司指定账户,健桥公司出具《委托资产管理证明书》载明:委托金额 6 000 万元,委托期为 2003 年 9 月 4 日至 2004 年 9 月 4 日。

2003 年 9 月 8 日,健桥公司用上述资金购买国债,并随即将全部国债进行了回购登记,之后再未进行国债交易。

2004 年 4 月 21 日,健桥公司向宝钛公司支付委托国债投资收益款 270 万元;6 月 28 日,宝钛公司持有的所有国债被中国证券登记结算公司上海分公司冻结并质押转移。

因健桥公司到期未能偿还回购资金,宝钛公司于 2004 年 8 月 16 日向陕西省高级人民法院起诉,请求健桥公司归还其委托投资管理的 6 000 万元并承担利息损失 41 万元,担保公司承担连带责任。

(二)审理与判决

陕西省高级人民法院审理认为:宝钛公司与健桥公司所签《补充协议》约定,健桥公司有权对宝钛公司的国债进行回购交易,回购所得资金由健桥公司自主使用;健桥公司承诺在国债管理期末向宝钛公司归还受托本金,同时按投资年收益率9%支付投资收益,实际上在双方之间成立了以委托理财为表现形式的借贷关系,资金出借人为宝钛公司,借款人为健桥公司。故该案案由应确定为借款合同纠纷。上述借贷关系的条款违反了企业间不得相互借贷的禁止性法律规定,应属无效条款。该无效条款所涉内容正是宝钛公司与健桥公司交易的关键性、实质性条款,是整个合同目的之指向。该关键性条款的无效导致《补充协议》整体无效。虽然《受托国债投资管理合同》形式完备,符合法律规定,但当事人签订形式上合法的合同后,同日又签订了因内容违法而无效的《补充协议》,且《补充协议》是《受托国债投资管理合同》不可分割的组成部分,因而当事人规避法律的意图明显,实属以合法形式掩盖非法目的,故《受托国债投资管理合同》依法亦应认定无效。健桥公司主张的《受托国债投资管理合同》及《补充协议》除保底收益条款外其余条款有效的主张不能成立,不予支持。宝钛公司主张《受托国债投资管理合同》及《补充协议》无效的理由成立,应予支持。《委托国债投资管理保证合同》作为《受托国债投资管理合同》的从合同,因主合同的无效而无效。对于《受托国债投资管理合同》及《补充协议》无效,健桥公司作为专业证券公司,理应熟知证券法的相关规定,故其对于合同的无效应承担主要过错责任。健桥公司违法回购国债,挪用回购资金自主使用,致其不能及时向宝钛公司偿还资产造成损失后果与合同无效没有必然的因果关系,故宝钛公司不因合同无效的次要过错责任而对损失后果承担责任。健桥公司支付的270万元收益款应当折抵本金,健桥公司理应偿还宝钛公司除270万元以外的借款本金及相应利息。健桥公司主张只需将宝钛公司期初购买的国债依数依原品种返还给宝钛公司,或者按照现行市场价格将购买同数量同品种国债所需金额退还宝钛公司现金,不符合合同无效的处理原则,不能成立。担保公司因《保证合同》无效及其未对补充协议提供担保、对主合同的无效状态不应知而不承担民事责任。担保公司关于其不承担保证责任的主张成立,应予支持。宝钛公司要求担保公司承担连带保证责任的请求不能成立,不予支持。

综上,依照《合同法》《担保法》《民事诉讼法》的规定,判决:健桥公司偿还宝钛公司 5 730 万元及按照活期利率计算的利息,驳回宝钛公司对担保公司的诉讼请求。

健桥公司不服,向最高人民法院提起上诉称,《受托国债投资管理合同》和《补充协议》系各方当事人真实意思表示,不违反法律禁止性规定,应为合法有效。个别条款无效不影响其余条款的效力。合同无效的法律后果应当是健桥公司依数依原品种向宝钛公司返还期初购买的国债,或者按照清算时点的市场价格将购买同数量同品种国债所需金额返还,已经向宝钛公司支付的 270 万元款项直接或折算成一定数量的国债予以抵销。且宝钛公司应对合同无效承担部分损失。健桥公司依据《补充协议》的约定回购国债,不构成对宝钛公司的侵权。健桥公司偿还宝钛公司款项应从合同期满后即 2004 年 9 月 4 日开始计付。原审判决认定争议双方形成了以委托理财为表现形式的借贷关系缺乏法律依据。请求改判为:健桥公司依数依原品种向宝钛公司返还期初购买的国债,或者按照清算时点的市场价格将购买同数量同品种国债所需金额返还,已经向宝钛公司支付的 270 万元款项直接或折算成一定数量的国债予以抵销。

宝钛公司答辩称,双方同时签订《委托国债投资管理合同》和《补充协议》,且后者对前者的主要内容做了实质性变更,这种签订合同的方式本身就是以同时签订一份桌面协议和一份桌底协议的形式规避法律的行为,而桌底协议才是双方当事人的真实意思表示。健桥公司关于双方系约定了保底条款的委托理财关系的主张,没有事实和法律依据。委托理财的根本目的是通过各种投资手段实现委托资产收益的最大化。健桥公司在取得回购资金后未对委托资金进行任何证券投资,而是以占有回购资金自己使用为最终目的。按照合同约定健桥公司并不收取任何佣金,相反只是支付回购资金使用权的补偿款。且《补充合同》明确约定管理期末归还的是受托本金,而非剩余的国债及资金。故双方之间实际上是一种规避法律的融资借贷关系。双方签订的两份合同均为无效合同。健桥公司按照合同约定从宝钛公司取得 6 000 万元资金,合同认定无效后当然应当返还相应的资金而非国债。健桥公司对于合同无效负有全部责任,应当赔偿宝钛公司的相应损失。请求驳回上诉,维持原判。

最高人民法院审理认为:双方签订的《受托国债投资管理合同》关于"宝钛公司将其自有资金 6 000 万元委托健桥公司进行国债投资;宝钛公司享有投资所生利息收益,并承担国债市场价格等因素造成的投资损失,健桥公司不承诺收益或分担损失;健桥公司不得擅自动用宝钛公司账户内的资金和国债,不得擅自买卖国债;健桥公司收取管理费用"等内容,属于委托理财的权利义务关系,但是双方同时又签订《补充协议》约定,宝钛公司同意健桥公司对国债进行回购交易,回购所得资金由健桥公司自主使用;健桥公司承诺在国债管理期末向宝钛公司归还受托本金,同时按照投资年收益率 9% 支付宝钛公司投资收益,作为对宝钛公司授予健桥公司回购资金使用权的补偿。这些约定对双方签订的《受托国债投资管理合同》关于健桥公司代为进行国债投资的内容作了修改,实质内容已经变更为宝钛公司同意健桥公司使用国债回购后的资金,由健桥公司向宝钛公司支付一定比例的资金使用费。双方以这种方式签订合同,实质上是规避国家法律、法规关于企业间禁止借贷等有关规定。故原审法院认定双方系以委托理财为表现形式的借贷关系有事实和法律依据,应予维持。根据《合同法》第 52 条第 3 项关于"以合法形式掩盖非法目的的合同无效"的规定,上述合同应当认定为无效合同。因双方系非法借贷的民事关系,健桥公司取得的是国债回购所得资金而非国债,故在返还因上述无效合同取得的财产时,健桥公司应当返还其取得的相应资金。健桥公司关于其应当依数依原品种向宝钛公司返还期初购买的国债,或者按照清算时点的市场价格将购买同数量同品种国债所需金额返还,已经向宝钛公司支付过的 270 万元款项直接或折算成一定数量的国债予以抵消的上诉请求,没有法律依据,不应支持。原审法院将已支付的 270 万元收益款折抵本金后判决健桥公司偿还宝钛公司 5 730 万元款项于法有据,应予

维持。双方当事人对于合同无效均有过错,健桥公司作为专业证
券公司,对合同无效应当承担主要过错责任,宝钛公司承担次要
过错责任。对此,原审判决在对返还的 5 730 万元的利息计付上
已有体现(即按照活期利率计付利息),符合法律规定,应予维持。

据此,依照《合同法》《民事诉讼法》的规定,判决:维持原判。

(三)案例分析

该案双方当事人签订的《委托国债投资管理合同》是一份较
为简单的委托理财合同,合同中约定,宝钛公司将自有资金委托
健桥公司进行国债投资,宝钛公司享受投资利益,并承担投资风
险,健桥公司按照投资收益情况收取投资管理费。但所签订的
补充协议允许健桥公司进行国债回购交易并自主使用所得资
金,同时按照 9% 的收益率向宝钛公司支付投资收益,作为其允
许使用回购交易资金的补偿,而这就改变了投资管理合同的内
容,使双方的关系由委托理财关系实际上变成资金借贷关系。
法院透过委托国债投资管理合同的委托理财表象,明确了补充
协议的资金借贷性质,认定当事人签订的合同实质上是规避国
家法律、法规关于企业间禁止借贷等有关规定,并判决合同无
效,是正确的。

二、信托的成立与生效应用案例研究

(一)案例介绍

刘某焕诉李某新、陈某英委托投资纠纷案

原告刘某焕与被告李某新、陈某英之间系老乡及朋友关系,
被告李某新、陈某英系夫妻关系。原深圳市宝安县某酒公司系宝
安区区属国有企业,被告陈某英为该公司职工。1991 年原告出资
12 000 元,以被告陈某英作为宝安县某酒公司职工的名义,购买
原深圳市宝安企业(集团)股份有限公司发行的"中国某某"法人
股原始股票,当时该股票的价格为每股 3 元。为此,1991 年 6 月
27 日,被告李某新向原告出具了收据,收据上载明:"兹收到刘某

焕同志交来人民币现金壹万贰仟元整,购买宝安集体股票肆仟股。备注:购买某酒公司陈某英名额收据,收据号码:016××××"。

1993 年 3 月 11 日,宝安县某酒公司更名为深圳市宝安区某酒公司,同年 10 月 9 日又更名为深圳市宝安区某总公司。2002 年 10 月 28 日,该公司再次更名为深圳市华尊糖烟酒有限公司,企业类型由全民变更为有限责任公司。

2013 年 3 月 22 日,被告陈某英通过银行转账方式向原告支付 86 660 元。但原告认为,根据 1992 年至 2011 年期间有关的公开信息,自己持有的 4 000 股原始股票经过多次送股,目前应为 13 230 股,按此估算,被告还应向原告支付股票交易款 50 000 元。

刘某焕据此向深圳市宝安区人民法院起诉,请求两被告再支付股票款 50 000 元。

(二)审理与判决

深圳市宝安区人民法院审理认为,根据合同法的相关规定,合同是平等主体的自然人、法人、其他组织之间设立、变更、终止民事权利义务关系的协议。当事人订立合同,有书面形式、口头形式和其他形式。法律、行政法规规定采用书面形式的,应当采用书面形式;当事人约定采用书面形式的,应当采用书面形式。本案的原、被告之间未签订书面合同。原告提交的收据能够证明原告以被告陈某英的名义购买股票的事实。被告提交的银行转账信息单能够证明被告将涉案股票抛售之后,已将股票收益款支付给原告的事实。原告称其根据 1992 年至 2011 年期间证券机构公开的信息认为自己的持股数为 13 230 股,从而估算还应得股票交易款 50 000 元。根据谁主张谁举证的原则,当事人对自己的主张应当承担举证责任,原告未能对自己的主张进行充分的举证,应当承担举证不能的不利法律后果。原告的诉讼请求,无事实依据及法律依据,不予支持。

据此判决:驳回原告的诉讼请求。

刘某焕不服,向深圳市中级人民法院提起上诉,请求判决李某新、陈某英支付刘某焕股票交易款 50 000 元(暂定数,以后按当时实际股票交易数为依据结算支付)或将本案发回重审。上诉理由是:上诉人已向一审法院提出调取证据申请,一审法院没有依取权调取证据。上诉人出资以被上诉人陈某英名义购买的集体股的原始股为 4 000 股,通过多年的送股,现在确切的股数是多少、被上诉人将股票实际卖出价格是多少,上诉人都不清楚,为此请求法院调取上诉人陈某英的账户中"中国某某"股票自 2010 年 5 月至 2011 年 12 月 31 日期间的历史交易记录,以及调取陈某英等人诉宝安区某酒公司一案的判决书。

李某新、陈某英辩称,刘某焕曾以陈某英名义购买股票,双方之间存在信托法律关系,陈某英出售刘某焕的所有股票后,已支付刘某焕 86 660 元,经陈某英核算,少支付了 13 935.68 元。二审期间,刘某焕表示,同意陈某英再支付股票收益款 13 935.68 元。

深圳市中级人民法院审理认为,刘某焕以陈某英的名义购买股票,陈某英将刘某焕所有的股票卖出后,须将股票收益款交付刘某焕。陈某英已于 2013 年 3 月 22 日支付刘某焕 86 660 元,经陈某英核算确认,其尚需支付刘某焕款项 13 935.68 元,刘某焕对此并无异议,据此可确定双方对陈某英需支付的股票收益款项协商一致。

据此判决:撤销一审判决,李某新、陈某英支付刘某焕款项 13 935.68 元;驳回刘某焕的其他诉讼请求。

(三)案例分析

上述案件是特定历史条件下较为典型的委托投资案件。原告与两个被告是老乡和朋友的关系,被告陈某英所在企业发行股票时包含一部分职工股,通常职工股在上市流通后会有不错的收益,原告并不是该企业职工,是没有资格购买该企业职工股的,因此委托陈某英代为购买并持有,待增值后获得收益。所购股票获得了增值,但双方对增值收益的数额产生了分歧,因此便诉诸法院。

被告认为双方是信托关系,而且已将委托投资产生的收益支付给原告。实质上,双方当事人之间可以看作是一种简单的信托关系:原告将一定的资金委托给被告,被告以自己的名义购买企业的职工股,并对其加以管理和处分,最终将所得收益交给原告,原告充当了委托人和受益人的角色,被告则充当了受托人的角色,双方是信托关系。但原告认为,被告购买的股票增值情况、出售股票的实际价格是多少,原告均不清楚,认为自己的知情权没有被尊重,被告没有如实、按期地将股票的情况告知自己。

但双方当事人是老乡与朋友的关系,因此在二审期间就股票的增值价值达成一致意见,二审法院比较容易按照双方当事人的一致意见作出判决。

第八章　破产法的理论与应用研究

　　破产是当债权人出现财务危机时，对债务人采取的破产预防、破产清算等层面的法律制度的总称。就现代意义上说，破产法律制度将传统对债务人的贬斥行为进行剥除，更加重视破产重整、和解等预防制度的构建。破产法是对债权债务关系的终极性协调措施，其原则上并不将破产程序开始前的既定权利、既定义务等进行改变，因此具有明显的程序法的性质。但是，其在对民事诉讼程序的运用中，仍存在着自己独有的规范。本章就对破产法的理论与应用进行分析和探讨。

第一节　破产和破产法律制度概述

　　要对破产法的理论进行分析，进而应用理论去指导实践，首先就应该弄清楚破产与破产法律制度的相关基础知识，这是其理论应用的基础。本节就分别探讨破产及破产法律制度。

一、破产概述

（一）破产的概念

　　在不同的语境中，破产的概念有不同的含义。在日常生活中，破产往往被用于指债务人不能明确偿还其到期债务的一种状态，而不是看其是否进入了破产法律的流程。一般所谓的破产指的是法律意义上的，其包含两层含义：狭义上的破产指的是破产清算，即到期时，债务人无法偿还或者资不抵债，为满足债权人的合法权利而在法院的监督下，就债权人的总财产进行分配目的的清算；广义上的破产不仅指破产清算，还指破产整顿、破产和解等预防性程序,这些程序共同构成了一个破产法律制度体系。现代意义上的破产都是从广义层面来说的,因此本书所说的破产也是广义上的破产。

破产的概念经历了一个从狭义到广义的演变过程。从制度源流上说,破产制度是从古代欧洲流传开来的,但是理论界对其具体时间有不同的认识。有人认为,"破产"一词源于古罗马《十二铜表法》,也有人认为其源于古巴比伦王国的《汉谟拉比法典》。但是,作为一种完整、完备的破产制度,其主要是从罗马法时期开始的,而前两部法典并没有明确破产制度。

我国学者一致认为,"破产"一词源于拉丁语 falletux,其本意是"失败",但这并没有太多的考证。西方学者则普遍认为,从词源学上说,"破产"一词源于意大利语 banca rotta,其本意为"被砸坏的板凳",后来意译为"摊位被毁坏"。在 14 世纪的意大利,一些商人们在市中心交易市场中,都有代表自己的席位和板凳,当某一个商人无法偿还到期债务时,其债权人会按照正常的惯例将其席位和板凳砸烂,以告知大家其经营已经失败,这就构成了商人习惯法。之后,这一法律逐渐发展成为破产法律制度。在我国,经济意义上的"破产"一词从古代就已存在,但是法律意义上的"破产"是从近代才传入我国的。

作为综合性制度体系,破产的形成和演变反映了两种破产立法价值取向,并且这也构成了明显的趋势。

(1)破产法将逐渐摒弃对破产债务人的贬斥内涵,越来越倾向于对债务人的救济、同情以及对债务人正当利益的保护,这些不断在新的破产法的制定和修改中体现出来。

(2)各立法例在对破产清算制度完善的同时,不仅对企业的破产构建了相对完整的破产预防程序,还对自然人的破产也制定了相应的预防性调整程序,这说明破产法逐渐进入了一个新时期,且可以说其逐渐具备了社会法的特性。

但是需要注意的是,无论如何界定法律意义上的破产,其与经济意义上的破产必然存在差异。这是各国在立法中都应该达成的共识。具体而言,可以从以下两点进行分析。

首先，经济意义上的破产指标主要针对的是企业经营状况是亏损还是盈利，如果企业在一段时间内无法将亏损转化成盈利，生存能力欠缺，那么就可以认为是经济上破产。虽然企业亏损与过多的负债有着密切的关系，但经济意义上的破产主要针对的是企业内部的经营情况以及财务估量，其与企业外部债务并没有过多必然的关系。相比，法律意义上的破产评价指标针对的是是否与法定破产原因相符，其并不考虑经济上的盈利和亏损。很明显，二者的破产指标存在明显的差异。

其次，经济意义上的破产着重于客观描述债务人资不抵债，且无法对债务进行清偿的情况，并不包含法律对企业是否能偿还债务的价值情况评判。相比，法律意义上的破产主要是为了对特有经济现象的解决而建立的一种法律制度，其前提是实体法律规定的存在，其中各个环节都体现了法律的规定，且对于相关经济现象的价值评判。

本书所探讨的是法律意义上的破产，因此下面都从这一层面展开分析。

（二）破产的特征

作为法律术语，破产具有如下几点特征。

1.破产偿债手段的特殊性

破产偿债手段和偿债方式具有特殊性。一般的基本法律理念就是谁的责任、谁的行为谁负责，因此这也决定了任何人都应该对自己曾经所负有的义务负担自己的责任。就一般的民事活动中，某一主体在享受权利的过程中，其对于产生的债务也应该负有相应的责任。就一般营业者来说，用自己全部财产对主体活动中产生的债务予以清偿，也能体现出该责任主体的人格。破产虽然是因为债务的产生而产生的，属于对债务的偿还方式，但是其与混同、抵消、清偿、免除等债的一般消灭方式还是存在明显区别的。破产主要针对的偿债对象是债务人的全部财产，往往会采用一次性清偿，其具有明显的特殊性，并且在偿债的过程中会消灭债务人的一切主体资格。

2.破产目的的特殊性

在债务清偿上,根据债务的平等性原则,任何无担保的各个债权人之间应该平等地接受赔偿,但是能否得到清偿,往往会因为债权人以及债务人的意志等具有随意性。即使在正常的执行程序上,债权人申请的早晚也会对受偿产生极大的影响。需要指出的是,一般情况下的债券偿付与否具有较大的不确定性,而财产清算程序中的债务清偿与其存在明显的不同,其不仅侧重于程序效率价值,更侧重于在债务偿付中坚持公平原则。由于破产的债务人本身偿付能力欠缺,因此要求对破产财产的分配,对担保债权的处理,对优先债权和其他一般债权关系的处理都需要坚持公平的原则,并且这一原则贯穿于财产清算的始终。当启动破产程序后,债权人对于债权能否受偿也具有较强的预见性特点。

3.破产启动的特殊性

从债权人的角度来说,债权人的债权请求可以通过破产程序,得到公平清偿,避免因为债务人无序处分财产行为而造成公平受损。但是如果破产程序一旦结束,那么没有清偿的债务就会自然免除,这对于债权人而言可能会是巨大的损失。另外,对于破产人来说,虽然其债务会随着破产而不断结束,但是其也终结了自身的民事活动主体资格。因此,在破产法律制度启动的过程中,其限制了严格的破产能力、破产原因等程序,如果不能满足条件,那么就不能进行破产。

4.破产法律效果的多样性

破产这一执行程序往往具有概括性,其对债务人全部的法律关系都进行清晰的、彻底的清算,因此对于消灭债务人民事主体资格是极可能出现的。这是因为,企业法人的人格、企业正常开展是以责任财产作为前提和基础的,如果破产之后,要清算债务人的全部财产,那么就会逐渐消灭债务人的财产基础,这是债务人赖以生存和存续的部分,因此也就导致其经营资格的消失殆尽,并从此逐渐退出民事主体资格的行列。即便是债务人并未宣布破产,而是进行破产重整、破产和解,那么其人身权利、财产权利也会在一定期间内受限。

5.破产手段的司法性

为了能够保证破产清算程序更加公正、有序,各国破产制度在进行中往往需要法院的监督。并且,法院的监督会贯穿于其每一个方面或者环节,并且不会随着债务人、债权人的意志而发生改变。也就是说,宣告破产的只能是法院,财产分配也需要法院的认可和决定之后才能进入分配程序。当然,破产程序的终结也需要法院的裁定。

二、破产法律制度概述

(一)破产法的概念

之前已经提到,破产有狭义和广义之分,而破产法也具有狭义破产法与广义破产法的概念。狭义上的破产法指的是对破产清算关系进行调整的一种法律规范。广义上的破产法指的是以破产清算作为核心,包含所有破产重整、破产清算、破产和解在内的法律规范的总称。

此外,破产还有形式意义与实质意义之分。形式意义上的破产法指的是以破产法作为命名,以制定法这一形式出现的单行法典或者法律,如我国的《中华人民共和国企业破产法》。实质意义上的破产法不仅仅指法典或者法律,还指的是与企业有法律关系的产生、改变及消灭而产生的所有法律法规,以及对这些法律法规所做的司法解释,其形式不仅仅有上面所说的制定法这一形式,还包含习惯法规则等。因此,本书所说的破产法指的是实质意义上、广义的破产法,而不是形式上的、狭义的破产法。

(二)破产法的内容

由于不同国家的国情不同,法律传统不同,造成不同法系的国家、同一法系的不同国家之间,其破产法立法体例的选择也存在明显差异,这就导致在以下关系的解决中呈现的模式和内容也不同。下面就从几种关系来分析破产法的内容。

1.破产法与民商法的关系

在商务事务中,"民商合一""民商分立"是两种常见的立法体例。但破产法属于哪种,是否构成了独立的法律部门,学术上给予了不同的分析。不同的国家、不同的地区,其立法实践也存在不一致的情况,有些地方将破产法纳入商法、民法等范围内,有些地方将破产法作为单独的形式实施。

2.破产实体法与程序法规范之间的关系

对于破产法的内容,有些国家或者地方将破产法中的程序性规范、实体性规范、罚则作为单独的编写内容来进行规定,有的国家或地方则按照破产程序,并不做专门的区分,而是按照顺序一一进行规定。目前,我国的破产法则采用后面一种形式,将破产管辖、破产申请与受理、破产原因、债权申报、债权人会议、破产宣告、和解与重整、破产清算、破产终结等都纳入破产法的范畴。但是,破产法并不限定于程序法规范这一单一的范畴,而程序法规范大多都服务于实体性规范,如债务人的破产财产与费用、破产债权、免责制度、破产能力等。这些也都应该纳入破产法的内容之中。

3.破产与公司重整、公司和解之间的关系

早期,各国、各地区的破产法一般仅仅对破产清算关系进行明确的规定,而由于公司重整、公司和解与其存在本质上的区别,因此并不将公司重整、公司和解纳入破产法的范畴中。但是现如今,大多数国家、地区在破产清算的基础上增设了破产重整与破

产和解,因此现代意义上的破产法已经是破产清算制度与公司重整、和解制度共同支撑的。

(三)破产法的效力

破产法的效力又可以被称为"破产法适用范围",其涉及三个层面:时间效力、空间效力以及对人的效力。

1.时间效力

破产法的时间效力指的是破产法生效时间、失效时间以及溯及力。例如,《中华人民共和国企业破产法》第136条明确规定,本法自2007年6月1日起开始施行,并将《中华人民共和国企业破产法(试行)》废止。很明显,除了《企业破产法》第132条、133条对部分特殊债权的法律溯及力问题做出说明以外,其他并未给予明文规定。但是,在该法中一些尚未审结的企业破产案件中,最高人民法院对于《中华人民共和国企业破产法》并不具有溯及既往的效力进行了肯定。

2.空间效力

破产法的空间效力是从空间范围来定位法律适用的范围。一般来说,国内的破产法适用于国内的全部主权领域,其空间效力主要指的是破产宣告的效力所达到的财产的地域范围。

3.对人的效力

破产法对于人的效力主要指的是破产法对哪些主体适用以及哪些主体可以被宣告破产。因此,各国的破产立法的规定存在明显的差异。有些适用于法人,有些适用于商主体,有些适用于法人也适用于自然人。

(四)破产法的立法目的

破产法的产生首先是为了让债权人公平受偿的权利得到满足,因此也是为了终极保护债权人的权益。另外,破产法还从客观上救济或者挽救债务人,从而有助于有序市场主体退出机制与财务危机处理机制的生成。也就是说,破产法的立法目的就是破产法的作用和意义。但是,由于认识的角度不同,对破产法的作用的阐释也不同。基于此,我国《中华人民共和国企业破产法》中第一条做了明确规定,即破产法的制定主要是为了对企业破产程序进行规范,对债权债务进行公平清理,对债权人和债务人的合法权益予以保护,对市场经济及制度加以维护。[①] 下面就对这四点进行分析。

1. 对破产程序进行规范

破产程序关乎债权人、债务人及职工等广大主体的利益,因此需要相应的法律予以规范和制约。因此,各国制定了形式多样的破产法。我国在市场经济体制还未完全建立之前,1986 年颁布了《中华人民共和国企业破产法(试行)》,后于 1991 年,颁布《民事诉讼法》,但是这些法律随着市场经济的确立逐渐落后,因此市场经济的存在需要一个健全的、统一的破产法。2006 年,我国确立《中华人民共和国企业破产法》,其对于企业破产程序进行了一个统一的规范。

2. 对债权债务进行公平清理

破产清算程序的首要目的就是对债权人进行公平受偿,也就是全部清算债务人的财产。在清理债务人的财产和对债务进行清偿时,其必须要坚持公平原则。如果违背了公平原则,那么破产法将对其债权债务进行处分。因此,无论对于债权人,还是债务人,其都要进行公平的清理。

3. 对债权人与债务人的合法权益予以保护

破产立法的原始出发点在于对债权人的债权进行公平清偿,并给予债权人最大限度的满足,从而保护债权人的权利。但是对

---

① 范健,王建文.破产法[M].北京:法律出版社,2009:5.

其保护,并不限于通过破产清算程序,使债权人得到公平受偿,还包含破产重整和破产和解,从而使债务人能不断从困境中走出来,直至恢复清偿的能力,从而使债权人的受偿更充分。这就意味着,保护债务人的合法权益并不与保护债权人的合法权益产生矛盾,而且还是保护债权人合法权益的一项重要手段。

4.对市场经济秩序加以维护

破产法的制定与实施,有助于有序配置社会资源与社会财富,对市场退出秩序进行规范,让那些已经丧失经营能力的市场主体从市场退出。通过破产程序,妥善处理破产财产,可以使债权人及职工的合法权益得到保护,从而减少负面影响。因此,破产法的立法目的之一就是对市场经济秩序主体加以维护。

(五)破产法的基本原则

破产法的基本原则是破产法的效力贯穿于整个制度和规范的根本准则,是对破产立法、破产司法、破产活动进行指导的基本行为准则。具体而言,主要有如下几点。

1.破产与重整相结合原则

每个事物都具有两面性,破产法也是如此,既有积极性,也具有消极性。奉行破产法有助于将企业的积极性调动起来,但是对债务进行清算会导致债务人主体资格的消灭,甚至出现债权免责,同时也会导致很多人失业,这其实也是对债权人财产情况的恶化,甚至会不断影响该行业的发展。这样看来,将企业破产看成"病理现象"也没什么不妥。为了弥补企业破产清算造成的缺陷,美国首先建立和实行公司重整制度,如今这一制度在世界上广泛使用,这是为了对企业进行挽救而形成的一种预防制度。因此,要坚持破产与重整相结合的原则。

2.破产与和解相结合原则

除了公司重整之外,预防制度还包含公司和解。这在破产过程中也有着重大意义。同时,和解制度有破产清算所不具备的多重优点。

(1)破产清算有着高昂的费用,且出售破产人的财产并不是动态的形式,而是静态的形式,这无形中是对财产价值的降低。在财产清算过程中,债权人实际受偿的几率也并不高。相比之下,和解制度能够在调节债权人与债务人的关系中,实现一种平衡,从而从经济主体出发进行考虑,将主体自治体现出来,也能够将主体活动的经济性得以呈现。

(2)破产清算将债权人所经营的物质基础进行瓜分,这对于债务人而言,要想继续经营是没有任何帮助的。但是相比之下,和解有助于避免清算,从而既不彻底消灭债务人,还能够让债务人继续经营,在经营中偿还债务。

如果双方实现了和解,那么破产程序也就废止了。债务人也就需要按照约定来完成自己的义务,从而实现自己企业的起死回生。因此,必须要坚持破产与和解相结合原则。

3.优先保护破产企业职工权益原则

对劳动者合法权益的优先保护是破产法的重要价值取向。企业破产与全体职工的权益有着密切的关系。我国坚持社会主义制度,其重中之重就是要求必须对职工生活进行妥善管理,做好企业职工的善后工作。

当申请破产时,需要在破产申请书中向法院出示债务清册、财产状况说明、财务会计报告、债权清册、职工工资的支付、职工社会保险费用缴纳情况等。如果提交的是不真实的材料,那么人民法院可以对责任人员进行依法处罚。

在债权申报中,对于债务人所拖欠的伤残补助、工资、医疗、抚恤金、基本医疗费用、职工基本养老保险、补偿金等,不用进行申报,直接由管理人员进行调查之后列出清单并予以公示。

在破产财产清偿中,破产人拖欠的伤残补助、工资、医疗、抚恤金、基本医疗费用、职工基本养老保险、补偿金等要比普通破产债权受偿的效力更为提前和优先。

很明显,上述三个阶段都符合了优先保护破产企业职工权益这一原则。

第二节　破产流程的法律制度研究

从破产法律制度的功能角度来看,各国的破产法律制度主要涉及两大制度:破产清算、破产重整,还有的在破产重整制度之外设立破产和解制度。这些制度都属于法律流程的意义和属性。因此,本书将破产流程的法律制度归为两种:破产清算制度与破产预防制度。

一、破产清算制度

(一)破产清算制度的概念

所谓破产清算制度,是指当债务人无法偿还到期债务时,由法院根据债务人、债权人的申请,对债务人宣告破产,并将其全部财产进行公平分配,给予全体债权人的一种法律制度。

该制度与广义上的破产程序存在差异,破产清算制度专门指的是对破产程序进行清算,是之前提到的狭义上的破产程序。我国的破产清算程序如图 8-1 所示。

(二)破产清算制度的特征

根据破产清算制度的定义及我国破产清算程序示意图,再加上与破产重整制度和破产和解制度相比,可以总结出破产清算制度的几点特征。

首先,如前所述,破产清算制度是狭义上的破产程序,因此在我国的破产法律制度中,法院对破产清算申请的受理称为"破产宣告"或"宣告破产"。但是,破产重整制度申请则被称为"债务人重整",将破产和解制度的受理称为"裁定和解"。

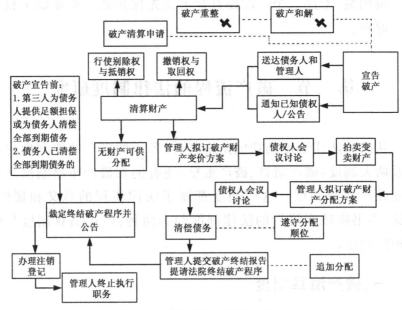

图 8-1　我国破产清算程序示意图

其次,一般来说,破产重整制度和破产和解制度可以比破产清算程序优先,但是这种优先也是有一定界定的,即其适用于不同破产程序的申请一并提出的时候,才能优先选择破产重整制度和破产和解制度。另外,在很多国家、很多地区,一旦实质性启动了破产清算程序,那么其转化成其他破产程序是比较困难的,并且受到一定的限制。在我国,这种限制尤为严格,甚至不能进行转换。

再次,在破产清算程序中,债务人之前所拥有的破产财产管理和处分权丧失,而是转化成依法程序来进行变价和分配。但是,债务人有可能会获得该破产财产的管理权和处分权。

最后,绝大多数国家、地区的破产法都有明确规定,破产程序如果没有当事人的申请,是不得启动的,但是许多国家和地区也有伴随有在某些特殊情况下,法院有根据法律程序进行破产宣告的规定。另外,如前所述,当破产和解协议不能被执行时,就可以直接进入破产清算程序中,我国也是如此。

（三）破产清算制度的程序

1. 破产申请

各国对破产程序有着不同的立法规定。一些英美法系国家（以英国为代表）的破产法有明确规定：破产程序开始于破产案件的受理。一些大陆法系国家（以法国、德国为代表）明确规定：破产程序开始于破产宣告。在这些国家来说，破产申请的提出以及法院进行职权调查，仅是作为破产程序的准备阶段。如果法院决定对破产申请进行受理，那么就可以做出破产宣告的决定，破产程序正式开始。

《中华人民共和国企业破产法》明确规定，破产程序并不是开始于破产宣告，而是开始于破产案件的受理。法院对破产申请的受理，需要经过一系列的活动，之后决定是否对债务人宣告破产。因此，启动破产程序的起因在于破产案件的申请，这也是法院对破产程序进行启动的绝对要件。

所谓破产申请，是指破产申请权人依法向人民法院提出请求，对债务人适用破产程序进行裁定的法律行为。其中的"破产申请权人"是指享有提出破产申请权利的人。根据各国的破产立法，通常包含债务人、债权人、具有特定职权的人。例如，1967年，英国的公司法规定官方接管人、贸易部等享有申请的权利；1942年，意大利破产法规定检察官享有申请权等。

我国的《中华人民共和国企业破产法》中第7条明确规定，债务人、债权人享有申请权。如果企业法人已经解散，但是并没有清算完毕或者未清算，资产不能够对债务进行清偿，那么依法负有清算责任的人应该向人民法院提出破产申请。此外，证券公司、商业银行等金融机构发生破产情形之后，国务院金融监督管理机构可以向人民法院提出进行重整的申请，或者提出破产清算的申请。

在破产申请提出时，破产申请人应该运用书面形式，向人民法院提交申请，并且需要附上有关证据及申请书。其中应该对下列事项予以载明。

(1)申请人的基本情况,被申请人的基本情况。

(2)提出破产申请的目的。

(3)提出破产申请的理由和事实。

(4)人民法院提出的应该载明的其他事项。

另外,如果是由债务人提出申请,债务人还需要向人民法院提交债务清册、财产状况说明、有关财务会计报告、债券清册、职工工资的支付、职工安置预案、职工的社会保险费用缴纳情况等。

通过破产程序,债权人能够实现自己的债权,而债务人也可以摆脱债务负担,因此很明显破产程序具有一定私权的属性。基于此,一些国家在对照民事诉讼案中的撤诉制度,也明确了破产申请可以由当事人予以撤回。但是,撤回的期限是有限制的,即需要在人民法院裁定受理之前。如果人民法院已经裁定了破产申请,那么申请人是不能够进行破产申请撤回的。但是需要考虑的一点是,由于破产程序很可能具有特殊性,不仅仅涉及债务人、债权人,有时还涉及破产企业的广大股东、广大职工等,甚至还可能包含一些公益部门,因此如果单纯地按照民事诉讼案理论理解的话也是有违常理的。因此,一些国家也明确规定,当人民法院受理了破产案件之后,申请人是不可以撤回的,他们的撤回权是被禁止的。

2.破产宣告

所谓破产宣告,是指人民法院根据当事人的申请,以及当事人的法定职权,裁定宣布债务人的破产,对债务进行清偿的一种法律制度。

破产宣告的做出,其依据在各国的破产立法规定中有明显的区别。尤其存在申请主义和职权主义两种。其中前者指的是人民法院根据债务人或者债权人的申请,才能对破产案件进行受理,做出破产宣告;后者指的是法院受理破产案件之后,按照法律的规定,只要债务人发生破产的原因不需要经过当事人的申请,那么法院可以运用自己的职权受理破产案件,做出破产宣告。

　　当今的破产立法已经将传统的有罪破产理念抛弃，破产已经属于了私法调整的范畴，因此国家不适合做出过多的干涉，因此在立法上大多倾向于支持申请主义。但是，如果仅仅依据申请主义，在债务上丧失清偿能力，且又没有人提出破产申请时，法院如果完全不干预的话，那么就很难维持公平。因此，为了保证社会公平，对各方当事人的利益予以协调，一些国家的破产法采用以申请主义为主，但是也不忽视职权主义，以职权主义为辅助手段的原则。

　　我国现行的《中华人民共和国企业破产法》对于破产宣告的问题，支持申请主义的原则。具体而言，人民法院应该根据当事人的申请，对破产案件予以受理，做出破产宣告。当没有当事人予以申请时，人民法院不能自行对破产程序予以启动。人民法院宣告债务人破产清算的，需要符合债务人不能清偿到期债务、且资不抵债的情况，或者明显缺乏清偿能力等这些破产原因要件。否则，人民法院可以在做出破产宣告之后，对当事人的申请予以驳回。

　　人民法院宣告债务人破产，应该知会破产申请的债务人、债权人到庭，当庭宣布破产裁定，并发布公告。如果当事人拒绝到庭，也不会对裁定的效力造成影响。

　　人民法院宣告债务人破产的，应该自裁定之日起 5 日内，送达管理人与债务人手中，10 日内通知已知债权人，并予以公告。该公告涉及如下几点内容。

　　（1）企业亏损情况。

　　（2）企业资产负债情况。

　　（3）企业宣告破产的理由，宣告破产的法律依据。

　　（4）企业宣告破产的日期。

　　（5）企业宣告破产的账册、财产、印章、资料等的保护。

　　人民法院宣告债务人破产的时候，发现债务人是资不抵债的情况，应该宣告破产程序废止。

3.财产变价与分配

(1)破产财产的变价

由于破产债权含有金钱的价值,其可以根据破产人的财产获得分配,是一种对人请求权,因此在对破产债权进行清偿并分配时,应当以货币分配为主。破产财产分为两类:一类是金钱财产,另一类是非金钱财产。其中非金钱财产是建立在其本身所具有的不易分割这一特点之上,如果不对其进行恰当的估价、变卖等,其是很难对其实际价值进行确定的,也就很难将其分配给破产债权人。这也就是说价值评估和变卖是管理人对破产处理的重要部分。

管理人需要提前对破产财产分配方案进行拟定,并将其提交给债权人,在债权人会议上予以讨论。但是,在分配方案的撰写中,需要注意涉及如下几点内容。

其一,参与破产财产分配的债权人的名称、住址。

其二,参加破产财产分配的债券额。

其三,可以供债权人进行分配的财产额。

其四,破产财产分配的比例、分配的顺序等。

在债权人会议中,要想对破产财产分配方案的决议予以通过,需要由表决权的债权人的一半以上通过,并且其占有的债权额也需要超过一半以上。如果两次会议表决都未通过,那么就需要人民法院予以最终裁定。

(2)破产财产的分配

破产分配是指基于公平原则,按照各债权人的应该受偿的顺序和比例在债权人之间进行清偿的一种程序。

对破产财产的分配,可以是一次性完成,也可以是多次性完成,这就需要考虑破产财产的多少以及破产财产的变价是难还是易。如果分配终结之后,发现仍旧存在可供分配的财产,那么仍旧可以追加进行分配。

根据破产分配的阶段不同,破产分配可以划分为中间分配、最后分配、追加分配。其中最后分配指的是当全部破产财产进行变价之后，不留任何余地对一般破产债权人进行分配。当进行最后分配后，那么就意味着破产程序的终结。

如果有下列情形，债权人可以请求人民法院按照破产财产分配方案来进行追加。

(1)发现存在破产无效行为、破产撤销权以及存在监事、董事等利用职权获得的非正常收入，应当追回破产财产。

(2)发现破产人存在应该供分配的其他财产。

管理人对破产企业的财产予以分配时，应该坚持金钱分配的原则，但是债权人会议另有决议的排除。管理人应该将制定的财产分配方案在债权人会议上进行分析和谈论。当通过该分配方案之后，由管理人根据该方案提请人民法院进行裁定。

4.破产终结

所谓破产终结，是指人民法院对破产案件予以受理之后，存在法定的事由时，应该由人民法院裁定对破产程序予以终结，即结束对案件的审理，因此破产终结又可以被称为"破产程序的终止"。

破产程序终结分为两大类：一类是正常终结；另一类是非正常终结。其中前者是破产财产分配完毕之后即为终结之日，破产目的也最终得以实现。

非正常终结是没有经过财产分配而终结，主要形式有如下几种。

(1)债务人财产无法对破产费用进行清偿的，管理人应该提请人民法院对破产程序进行终结。

(2)人民法院受理破产申请之后，债务人与全体债权人如果根据债务债权的处理已经达成协议的，可以向人民法院提起裁定认可，对破产程序予以终结。

(3)破产人无财产可供分配的，管理人应该请求人民法院对破产程序裁定终结。

(4)当管理人最终分配完结之后，应该向人民法院提交分配报告，并提请人民法院裁定终结。

二、破产预防制度

(一)破产重整制度

1.破产重整制度的概念

所谓破产重整制度,是指由利害关系人进行申请,根据法院的主持,且加上利害关系人的参与,对具有重整能力和原因的债务人进行生产经营上的整顿,并对债权债务上的关系加以清理,从而使债务人摆脱困境,继续经营的一种破产预防制度。

不同国家,破产重整制度的命名也不同。例如,美国将其称为"重整";英国将其称为"整理"或者"整理与重建";日本将其称为"更生";德国将其称为"重整";还有一些地方称为"恢复"等。2006年的《中华人民共和国企业破产法》也开始使用"重整"一词。综合来说,重整这一概念逐渐被世界各国接受。我国的破产重整程序如图 8-2 所示。

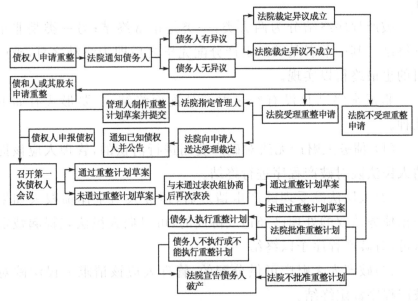

图 8-2 我国破产案件重整程序示意图

2.破产重整制度的特征

与破产清算制度、破产和解制度相比,破产重整制度也呈现了如下几点特征。

首先,破产重整制度的适用对象是特定化的。对于其他国家来说,破产清算程序可以对各种主体适用,但是破产重整程序仅仅适用于企业,且很多这些企业都是特定类型的公司。例如,日本适用破产重整制度的公司多为股份有限公司。但是,很多国家和地区并没有对破产重整程序给予明确的、严格的限定,因为其花费比较高,可能对于个人或者中小企业来说是不适用的,只适用于一些大的企业。《中华人民共和国企业破产法》对于破产重整程序的适用对象也没有给予特别的规定,但是该法本就主要是为了企业设定的,因此也是限定为企业。

其次,破产重整申请的原因是非常广泛的。与破产清算、破产和解申请的原因相比,破产重整申请的原因有很多,甚至在发生破产原因时或者还未发生破产时,都可以申请破产重整。

再次,破产重整申请权人的范围也是特定的。破产清算与破产和解的申请权人往往限定于债务人与债权人,但是破产重整除了这些之外,在某些特定情况下,债务人的出资人也可能进行申请,但是有些立法例中也对债权人的直接申请权进行否定。

最后,破产重整的破产别除权受到限制。破产重整制度不仅仅是为了对债权人债权清偿的需要进行满足,还是为了使企业持续经营、获得重生。因此,公司的股东、普通债权人、有担保的债权人等都需要参加破产重整,因此这就对破产别除权进行了一定的限制。可见,破产重整程序将社会利益置于首位,将债权人利益及其他因素置于次要位置。

此外,破产重整目标具有多元化,且重整措施也具有多样化。破产重整制度不仅对债务人的对外债务进行清理,还需要从根本层面对该企业的生产经营能力进行恢复,同时还需要维护企业劳动者的权益。可见,重整的目标是多元化的。另外,在实施上,破产重整需要债权人与债务人的妥协，还需要租赁、企业转让、债权转化成股份等多重形式。同时，破产重整并不对企业本身的存在进行限制，因此其可以采用的措施也是多样的，如企业兼并、改善经营等。

（二）破产和解制度

1.破产和解制度的概念

所谓破产和解制度，是指由债务人申请，这些债务人具备破产的原因，或者已经进入了破产程序，在法院的主持和监督下，债务人与债权人达成最终协议，尤其是债务人对债务进行减免或者延期偿还等事项达成协议，以此来对债权债务关系进行了结，以免进入破产清算程序或者财产分配的一种破产预防制度。很明显，破产和解制度避免和克服了破产清算制度的弊端。

与破产清算制度相比，破产和解制度是对债务人权益的一项保护，但是也是在围绕债权人获取其债务这一目标而协定的。

与破产重整制度相比，破产和解制度不会有高昂的费用，并且程序也没有破产重整制度那样复杂，因此具有较小的代价、简单的程序。

破产和解制度主要是为了保护债权人的利益，因此其将保护债权人利益置于首位，而将社会利益的维护置于次要位置。可见，这与破产重整制度明显相反。但是，破产和解制度的主要功能还需要破产重整制度进行承担。

一般情况下，破产和解制度需要法院的监督和主持，但是也有个别情况下，由商会监督和主持。因此，由法院监督和主持的称为"法院和解"，由商会监督和主持的称为"商会和解"。

《中华人民共和国企业破产法》中明确规定了法院和解制度，而且做了时间的限定，即破产宣告之前。因此，如果没有特殊的说明，破产和解专门指的是法院和解，如图 8-3 所示。

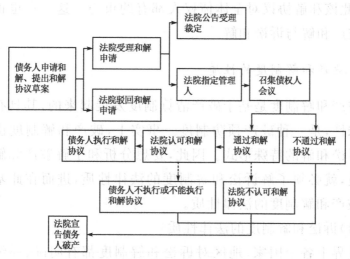

图 8-3 我国破产案件和解程序示意图

2.破产和解制度的特征

破产和解制度的法律特征可以归结为如下几点。

首先,从破产和解的定义中不难发现,破产和解程序对已具备破产原因的债务人适用,并且其目的是避免破产清算,也为了避免对破产财产进行分配。传统的破产制度属于一种强制偿债制度,往往将债权人作为中心,也是绝对地维护债权人的权益,但是并没有顾及债务人的利益和破产可能会给社会带来什么样的影响。但是,破产和解制度恰好可以让债务人复苏,减少其给社会带来的负面的影响。

其次,破产和解需要由债务人与债权人之间达成协议,其草案是由债务人提出和撰写的,而最后需要由债权人表决,最终达成协议。

再次,破产和解的内容大多为分期偿还或者延期偿还债务,甚至有些可能会免除债务,这些都需要债权人对债务人进行让步,这不仅使得债务人获得重生,而且对债权人也是有益的,因为其获得的赔偿往往会比破产清算要多。

最后,破产和解具有明显的强制性。破产和解协议往往要经过债权人会议,根据少数服从多数的原则,对其进行表决,最后通过,因此该和解协议对全体债权人都有约束力。这一点也正好区分了破产和解与诉讼和解。

3.破产和解制度的性质

破产和解制度是基于破产清算制度发展起来的,其具有明显的特殊性,是一种破产预防制度。事实上,破产和解制度也可以看成诉讼和解的特殊形式。因此,要想分析和了解破产和解制度的性质,就必须了解诉讼和解制度的法律性质,进而在此基础上分析破产和解制度的法律性质。

(1)诉讼和解制度的法律性质

世界上各个国家、地区对诉讼和解制度都有明确、详细的规定。我国的《民事诉讼法》中虽然对诉讼和解制度从当事人享有诉讼权利的角度进行了规定,但是关于和解的程序、条件、效力等并没有做解释,因此其缺乏了一项法律制度所应该包含的内容。一般来说,我国主要是通过法院来实现和解,但诉讼和解具有法院调解的基本优点,因此会在一定程度上消除法院调节的弊端。

关于诉讼和解的法律性质,各国的民事诉讼理论主要归纳成了三种学说。

其一,"私法行为说"。该说认为,诉讼和解是诉讼当事人在法院的监督下,达成的民法上的和解。因此,这属于纯粹私法上的法律行为,在本质上等同于诉讼外和解,并且其达成的和解协议也属于私法和解契约,是对诉讼和解与私法和解契约的连续性的肯定。

其二,"诉讼行为说"。该说认为,诉讼和解与民法上的和解是完全不等同的。这是因为,一种行为产生何种法律效果,就要求其具备哪些法定要件,而和解能够产生诉讼法上的法律效果,因此就应该具备诉讼上的法定要件,因此诉讼和解必然是诉讼行为的一部分。

其三,"两种性质说"。该说认为,诉讼和解兼有上述两种属性,即从实质上属于民法和解的某一单项行为,从形式上属于一种诉讼行为。

对于这三种学说，各国有着不同的主张和倾向。美国民事诉讼法倾向于第一种，即"私法行为说"，在美国看来，无论和解是在诉讼进行中，还是诉讼之外，其从实质上都被看成一种契约，是一种诉讼当事人之间的契约，因此诉讼和解是不能对诉讼程序进行终结的。当诉讼当事人达成诉讼和解之后，要想对尚在进行的诉讼程序进行终结，还需要根据美国联邦民事诉讼规则的规定，由当事人签署撤诉协议才可以。同样，英国也与美国一样，倾向于"私法行为说"。德国与英美不同，则倾向于"诉讼行为说"，在德国看来，诉讼和解并不是最后的裁决，但是具有强制执行的特点。但是，德国的民事诉讼法中也有明确的规定：作为对争执合同进行终止的和解，要想能够成立，其需要当事人双方都要做出让步，因此诉讼上和解需要将实体法考虑进去，就对双方是否都做出让步进行审查等。因此，也有人认为德国的民事和解其实具有了两种性质。我国台湾地区的民事诉讼法采用的是两种性质，一方面能够使诉讼进行终结，另一方面也能够对当事人之间的关系进行改变和确定。当前，我国的诉讼学界大多都认为我国的民事诉讼法属于"两种性质说"。

（2）破产和解制度的法律性质

在我国诉讼学界，诉讼和解制度是广泛被推广和倡导的，但是到如今也没有被确定为民事诉讼法上的一项严格的法律制度。不过，《中华人民共和国企业破产法》中规定的破产和解制度相当于境外立法，因此可以说是与诉讼和解制度几乎接近的一种制度。因此，对于诉讼和解的法律性质的三种学说也可以被用于破产和解制度。事实上也是如此，国内外关于破产和解制度的法律性质都是基于诉讼和解的法律性质的三种学说来建立的。具体来说，可以归结为以下几种学说。

其一，"裁判说"。该说认为，之前已经提到，破产和解是在债务人与债权人之间达成的，但是以债权人会议决议为表现形式的协议作为基础，而其是否成立是与法院有关的，即法院是否对和解协议加以认可，因此从本质上来说，破产和解是一种裁判行为。

其二，"民事契约说"。该说认为，破产和解是基于债务人的要约,在债权人会议上进行承诺,而双方建立的一种私法契约,法院在其中扮演的是承认该契约成立,因此仅是一种法定条件。

其三,"特殊行为说"。该说认为,破产和解首先由债务人进行申请,进而召开债权人会议决议,最后经由法院认可三种行为,这三种结合起来才能最终达成。因此,该学说又可以被称为"混合行为说"或"结合行为说"。

其四,"权利说"。该说认为,破产和解是债务人在破产程序中享受的一种权利,债务人通过这种手段得以继续营业,对其财产进行管理,且能够避免进行财产清算。这种结果可以体现出债务人行使权力,当然他们也可以放弃。

其五,"诉讼契约说"。该说认为,破产和解具有了诉讼契约的三点特征:一是法律中没有明文规定的部分不能做;二是当事人之间订立的诉讼契约需要由法院做出并受其监督和审查;三是诉讼契约一旦经过了法院的认可,那么其就具有了明显的法律效力。

我国很多破产学界都受到了诉讼和解学说的影响,因此都认为应该从"特殊行为说"来对破产和解的性质加以理解。但是,也有学者认为应该采取"诉讼契约说"。虽然二者均有一些道理,但是也必然存在一定的缺陷。

本书作者认为,上述学说都从不同角度对破产和解的法律性质进行了解释,但是也不能说是完美无缺的,因而我们可以从这些学说的不同层面来对其进行理解。总的来说,要是从破产和解制度的主要特征来说,采用"混合行为说"是最具有合理性的。

第三节　破产清算的法律效力分析

如前所述,破产法律制度具有法律效力,而其中的破产清算也必然具有法律效力。关于破产清算的法律效力,下面从破产宣告与破产终结两个层面进行分析。

一、破产宣告的法律效力

(一)对破产人的效力

当法院宣告债务人破产之后,企业的身份也发生了改变,由之前的债务人转向了破产人,其法人的资格仅仅在清算意义上是存在的,在其他法律意义上是不存在的。企业不能运行营业执照上标明的各项经营业务,仅仅是作为破产清算而存在的破产企业。

根据最高人民法院的司法解释批复,企业被宣告破产之后,破产企业就应该根据裁定日对该企业的生产经营活动进行停止。但经过清算组的允许,破产企业可以在破产程序终结之前,以清算组的名义,对清算工作相关的经营活动进行从事。但是,这些情况需要上达到法院。如果破产企业在这一期间签订了对外的合同,且并不是以清算组的名义进行签订的,那么这些工作就与清算工作是无关的,并且可以认为是无效的。

债务人的财产变成了破产财产,企业也丧失了对事务、财产的管理权,企业财产就变成了管理人所有,由管理人进行支配。

(二)对破产企业一般职工的效力

当企业宣告破产之后,职工与企业订立的劳动合同可以根据法律宣告解除,这时候的职工就成了失业人员,有权利根据国家的规定对失业救济金进行领取,也有权利自己去寻找新的职业,或者由国家的部门来安排就业。但是,被清算组和法律指定的留守人员,应该履行自己的职责,他们的劳动费用和工资从破产财产中进行拨付。

(三)对债权人的效力

对债权人的效力主要体现为除了财产担保者之外,债权人如果不依据破产程序的规定是不能行使权利的。简单来说,就是债权人不能单独提起对破产财产的民事执行程序,也不能随意接受债务人的清偿。

当破产宣告做出之前,债权人、债务人的自由清偿是不受到限制的,但是一旦进入立法程序,法院受理之后,债务人就需要按照法律程序支付正常的生产经营所必须的债务,不能进行自由清偿。因此,破产宣告这一点效力,其实对债权人的权利并无多大影响。

(四)对第三人的效力

破产企业的债务人和持有破产人财产的人只能向管理人清偿债务或者交付财产,当破产人对他人的财产进行占有时,其债权人可以根据法律进行取回,管理人也有权解除或者继续执行对破产申请受理之前,在债务人和对方当事人并未履行完毕的合同,并且对对方当事人进行知会。自破产申请之日起,管理人如果在两个月内并未通知对方当事人,或者受到对方当事人的催促之后,30 天也没有给予回复,应该视为合同的解除。

二、破产终结的法律效力

(一)对破产人的效力

从法院对企业法人破产程序终结的裁定生效之日,破产程序进入到终结流程。在破产管理人根据法律程序,办理注销登记之后,其企业法人资格也就被消灭了,所负担的债务也会随之免除。在自然人破产场合,当破产程序终结之后,其破产人的主体资格的存续并不会受到影响。因此,现代的很多国家、地区的破产法也规定了一项特殊的制度——破产免责。

(二)对破产债权人的效力

当破产终结之后,破产企业的主体资格会随之消灭,那些债权人没有分配的债权,会随着裁定的做出也被认为是消灭的。因此,在结束之后,债权人没有权利再向债务人申请新的权利。但是,债权人对破产企业的连带债务人、保证人等享有的权利是不受其影响的。

（三）对破产管理人的效力

企业法人的登记成立都是根据法定程序来的，当企业法人破产之后，也应该到正规的机关单位办理注销手续。当法院做出破产程序裁定之后，破产管理人的一项法定义务就是对破产人进行注销登记。基于此，《中华人民共和国企业破产法》中的第 121 条明确规定，当破产程序终结之日起，管理人应该在十日内持有人民法院程序的裁定，向破产人的原登记机关办理注销登记。当办理完注销登记之后，如果没有仲裁未决或者其他诉讼情况，那么该管理人的职责也就履行关闭了。

（四）对破产人的保证人和其他连带债务人的效力

因为破产程序终结，企业法人也会随之终止，债务因为法人资格的消灭也不再进行清偿。但是，债务人的破产并不能完全导致其债权人的债权的消灭。债权仍然可以从债务人的保证人和其他连带债务人之中得到清偿。

第四节　破产法的应用案例

上面对破产、破产法律制度、破产流程的法律制度、破产清算的法律效力进行了分析，下面以"上海浦申实业公司破产案"这一实际案例进行分析。

上海浦申实业公司破产案
——债权人申请破产的目的

浦申公司 1994 年由其主管部门上海华埔贸易公司开办成立，1996 年停业，法定代表人去向不明，公司财务及经营管理人均离职自谋出路。该公司资产净值 300 余万元，被上海市第一中级法院立案查封。其主管部门法定代表人等也下落不明。1997 年 1 月 6 日，浦申公司的债权人深圳新海工贸发展有限公司向上海市长宁区法院申请宣告浦申公司破产还债。申请人向法院提供的《关于浦申公司 1996 年 8 月 31 日资产、负债、所有者权益的鉴证审计报告》表明,浦申公司账面资产总计 554 万元,负债 261 万元,所有者权益 293 万元。有 5 笔账外银行借款 1 030 万元去向不明,账上既未反映债务情况,又未反映借入资金的使用情况。

长宁法院立案受理后,经通知债权人申报债权,共有 20 余家债权人申报,债权总额为 2 344 万元。1997 年 5 月 21 日,法院主持召开第一次债权人会议,由上海城市合作银行延安支行等 5 家银行在内的 12 家债权人参加会议,银行债权占债权总额 60％以上,债务人一方无人列席会议。

债权人会议听取申请人的陈述说明后,认为,债务人 1 030 万元的资金去向不明,尚有不少债务未列入审计报告,对此应当有个明确的说法;如果非系经营性亏损而挪作他用,则债权人利益和国有资产将严重流失。债务人申请破产的条件尚不具备,不同意浦申公司破严。

据此,法院认为,半数以上的债权人不同意破产,债务人去向不明的财产占企业资产相当比例,且法定代表人下落不明,目前实施破产不利于保护债权人的合法权益,故裁定如下:终结浦申公司破产还债程序,本案移送上海市公安局长宁分局处理。

案例分析:一般来说,破产申请主体有两种,即债权人与债务人。本案例是由债权人申请的,即深圳新海工贸发展有限公司,其采用司法途径解决当前的债权债务关系。但是,由于债务人有隐匿、私分以及财产下落不明等损害债权人利益的情况,因此这样提出破产申请很可能会对债权人造成损失,因此破产申请人有权利向人民法院申请采取正当财产保全的措施,这样有助于判决的执行,也能够保证个别清偿的实现。

参考文献

[1]戴维·S·克拉克,图鲁尔·安塞.美国法律概论(英文版)[M].北京:中信出版社,2003.

[2]董安生.中国商法总论[M].长春:吉林人民出版社,1994.

[3]杜景林,卢堪译.德国商法典[M].北京:中国政法大学出版社,2000.

[4]樊启荣.保险法[M].北京:北京大学出版社,2011.

[5]樊涛.中国商法总论[M].北京:法律出版社,2015.

[6]范健,王建文.商法学(4版)[M].北京:法律出版社,2015.

[7]范健,王建文.破产法[M].北京:法律出版社,2009.

[8]范健,王建文.商法理论基础专题研究[M].北京:高等教育出版社,2005.

[9]范健.德国商法[M].北京:中国大百科全书出版社,1993.

[10]范健.商法(4版)[M].北京:高等教育出版社,2011.

[11]方嘉民.商事法概论[M].天津:天津社会科学院出版社,1999.

[12]韩长印.破产法学[M].北京:中国政法大学出版社,2016.

[13]韩长印.商法教程(2版)[M].北京:高等教育出版社,2011.

[14]何宝玉.信托法案例评析[M].北京:中国法制出版社,2016.

[15]李玉璧.商法原理[M].兰州:兰州大学出版社,2000.

[16]任自力,周雪峰.保险法总论[M].北京:清华大学出版

社,2010.

[17]苏惠祥.中国商法概论[M].长春:吉林人民出版社,1996.

[18]覃有土.商法概论[M].武汉:武汉大学出版社,2010.

[19]王保树.商法(2版)[M].北京:北京大学出版社,2014.

[20]王保树.商事法论集[M].北京:法律出版社,1999.

[21]王俊岩,王保树.市场经济法律导论[M].北京:中国民主法制出版社,1996.

[22]王书江,殷建平.日本商法典[M].北京:中国法制出版社,2000.

[23]王卫国.商法(2版)[M].北京:中央广播电视大学出版社,2008.

[24]王志诚.信托之基本法理[M].台北:台湾元照出版有限公司,2005.

[25]徐学鹿.商法学[M].北京:中国财政经济出版社,1998.

[26]叶林.中国证券法[M].北京:中国审计出版社,1999.

[27]张军建.信托法基础理论研究[M].北京:中国财政经济出版社,2009.

[28]赵廉慧.信托法解释论[M].北京:中国法制出版社,2015.

[29]郑玉波.保险法论[M].台北:台湾三民书局,1984.

[30]樊星.有限公司股东资格确认——从一则公司法案例说起[J].中国律师,2010,(11).

[31]宋如超,杨曦.浅析《公司法》第183条"公司经营管理严重困难"的判断标准——以最高法院指导性案例8号为视角[J].法制与社会,2013,(6).

[32]Robert. T,Danforth. Rethingking the Law of Creditors' Right in Trusts[J]. *Hasting Law Journal*, 2002,(53).

[33]Alon Kaplan. *Trusts in Prime Jurisdictions*[M]. Boston: Kluwer Law Intemational,2000.